MORTOS DE FAMA

CLEÓPATRA
E SUA VÍBORA

de Margaret Simpson
Ilustrações de Philip Reeve
Tradução de Eduardo Brandão

15ª reimpressão

SEGUINTE
O selo jovem da Companhia das Letras

Copyright do texto © 2000 by Margaret Simpson
Copyright das ilustrações © 2000 by Philip Reeve

O selo Seguinte pertence à Editora Schwarcz S.A.

Grafia atualizada segundo o Acordo Ortográfico da Língua Portuguesa de 1990, que entrou em vigor no Brasil em 2009.

Título original:
Cleopatra and Her Asp

Preparação:
Márcia Copola

Revisão:
Renato Potenza Rodrigues
Beatriz de Freitas Moreira
Mariana Zanini

Dados Internacionais de Catalogação na Publicação (CIP)
(Câmara Brasileira do Livro, SP, Brasil)

Simpson, Margaret, 1951 –
 Cleópatra e sua víbora / Margaret Simpson; ilustrações de Philip Reeve; tradução de Eduardo Brandão. — 1ª ed. — São Paulo: Companhia das Letras, 2002.

 Título original: Cleopatra and Her Asp.
 ISBN 978-85-359-0247-1

 1. Cleópatra – Literatura infantojuvenil I. Reeve, Philip. II. Título.

02-2201 CDD-028.5

Índices para catálogo sistemático:
1. Cleópatra: Literatura infantil: 028.5
2. Cleópatra: Literatura infantojuvenil: 028.5

2022

Todos os direitos desta edição reservados à
EDITORA SCHWARCZ S.A.
Rua Bandeira Paulista, 702, cj. 32
04532-002 — São Paulo — SP — Brasil
Telefone: (11) 3707-3500
www.seguinte.com.br
contato@seguinte.com.br

/editoraseguinte
@editoraseguinte
Editora Seguinte
editoraseguinteoficial

Composição: Américo Freiria
Impressão: Geográfica

A marca FSC® é a garantia de que a madeira utilizada na fabricação do papel deste livro provém de florestas que foram gerenciadas de maneira ambientalmente correta, socialmente justa e economicamente viável, além de outras fontes de origem controlada.

SUMÁRIO

Introdução	5
Os ancestrais da Cleo	8
A família da Cleo	19
Safras ruins e vizinhos poderosos	32
A rainha Cleo	51
César e Cleópatra	74
Cleo e Roma	93
Em casa, sozinha	108
Antônio e Cleópatra	121
Antônio vai à guerra	142
Antônio e Cleo versus Roma	161
Depois de Cleópatra	189

INTRODUÇÃO

Cleópatra foi a última rainha do Egito. Morreu há mais de dois mil anos, mas vai ser para sempre uma morta de fama! Desde os tempos dos romanos todo mundo tem alguma coisa a dizer sobre ela...

Nada disso! Cleópatra não tinha nada de especial como mulher — era até meio baixinha e gorducha —, mas era inteligente de matar. Falava nove línguas, escreveu livros e tornou seu país um país rico. E, acima de tudo, conseguiu sobreviver à sua própria família — todos foram uns mortos de fama pela maneira como se mataram uns aos outros!

Quando subiu ao trono, tinha apenas dezenove anos! Reinou por 21 anos com a ajuda de dois namorados muito bem escolhidos: os RSs (Romanos Superpoderosos) Júlio César e Marco Antônio. Mas o maior amor da vida dela foi, provavelmente, seu país, o Egito. Você vai conhecer a rainha corajosa, brilhante, implacável — e, sim senhores, rica e charmosa ainda por cima — que era a Cleo.

No fim, Cleo não tinha mais nenhum RS para protegê-la. Achou que era melhor morrer do que viver como prisioneira dos romanos, então vestiu sua mais linda roupa, pôs a coroa na cabeça e se matou...

A "Viperina" vai lhe revelar como era a vida no Egito, e nas páginas de O Centurião você vai conhecer o ponto de vista dos romanos. Também vai ficar por dentro do que se pichava nos muros do Egito e bisbilhotar o diário secreto da Cleo. Logo, logo você vai saber tudo sobre a Cleo e sua víbora egípcia.

Introdução

VIPERINA

O que é uma víbora?
Uma víbora é uma cobra — pequena e venenosíssima. A víbora egípcia dilata o pescoço quando alguém a irrita e aparece na coroa de muitos deuses e reis do Egito. Cleo sempre usava uma coroa viperina nas ocasiões importantes.

Por que uma víbora?
Ninguém tem absoluta certeza, mas parece que os reis do Egito antigo tinham todo tipo de poderes mágicos, inclusive o de domar e encantar serpentes. Uma víbora mostrando a língua na coroa era uma boa forma de lembrar aos inimigos que a cobra estava do lado do rei. De arrepiar!

OS ANCESTRAIS DA CLEO

Cleópatra era rainha do Egito, mas não era propriamente egípcia. Pertencia à família Ptolomeu, e os Ptolomeus eram naturais da Macedônia, hoje parte da Grécia. Na verdade, fazia trezentos anos que a família da Cleo vivia no Egito, mas para os egípcios trezentos anos não era nada. Os Ptolomeus ainda eram gente nova no pedaço.

O Egito tinha sido uma grande civilização milhares de anos antes de a Cleo virar rainha. Tanto é verdade que já em 3000 a.C. — talvez até antes disso — os faraós ou reis egípcios haviam construído as pirâmides, além de enormes e misteriosos templos para seus deuses. Grana é que não lhes faltava. O Egito era o país mais rico do mundo e o centro de um vasto império.

Os ancestrais da Cleo

Mas, lá por 1000 a.C., o Egito dos faraós, enfraquecido, foi conquistado primeiro pelos assírios, depois pelos partos. E em torno de 330 a.C. outra grande civilização começava a conquistar o mundo: a dos gregos.

Os gregos eram liderados por um dos mais famosos generais da história: Alexandre Magno. Alexandre adorava guerrear e conquistar. Não fazia outra coisa. O Egito foi apenas um dos países que ele conquistou, mas foi sua maior conquista. Os reis do Egito podiam estar enfraquecidos, mas o Egito ainda era um país riquíssimo.

Os gregos conquistadores eram campeões em matéria de meter a mão na riqueza alheia. Também surrupiaram algumas ideias religiosas dos antigos egípcios. Acharam ótima, em particular, a ideia dos reis-deuses.

Cleópatra e sua víbora

Deuses e deusas egípcios
Os egípcios tinham centenas de deuses e deusas. Aqui estão os quatro mais importantes:

Rá era o deus-sol, o paizão de todo mundo, pai de todos os faraós também. Tinha cabeça de falcão e corpo humano. Na cabeça, o Sol e aquela víbora sagrada que cospe chamas para matar os inimigos. Uma lenda diz que ele nascia todas as manhãs como criança e morria velhote todas as noites.

Osíris e **Ísis** eram gêmeos, filhos do Céu e da Terra. Apaixonaram-se um pelo outro antes mesmo de nascer e, quando cresceram, se casaram.

Osíris era o próprio Bom-Moço, enquanto seu mano, Set, o Malvadão, o odiava tanto que acabou matando-o e cortando-o em pedacinhos. É por isso que Osíris é conhecido como Deus dos Mortos. Costuma ser representado enrolado como uma múmia, com uma coroa bran-

Os ancestrais da Cleo

ca, empunhando um cetro e um mangual, que é um instrumento para debulhar cereais.

Ísis — a superdeusa — ficou arrasada quando Osíris morreu. Com a ajuda do deus da medicina, Tot, deu um jeito de encontrar os pedaços do mano-marido amado e juntou todos eles de novo — fora os penduricalhos do meio das pernas. Mas ela era tão poderosa que deu um jeito de, mesmo assim, ter um filho com o amado marido morto. Ísis tinha chifres e um sol na cabeça, e um guarda-roupa de arrasar. Todo ano, organizavam-se grandes festas em sua homenagem. Era a deusa das colheitas. Cleo adorava se vestir igualzinho a Ísis.

Hórus era o filho de Ísis, por isso o pessoal dizia que ele era Osíris redivivo — quer dizer, que voltou à vida. Governava com a mãe. Também tinha cabeça de falcão. O pessoal o confundia com outro Hórus, o grande deus do céu, o que o tornava ainda mais poderoso.

Cleópatra e sua víbora

Reis sem nome

Os antigos egípcios acreditavam que seus reis descendiam desses deuses. Claro, alguns sabiam que não era verdade e que seus reis eram homens comuns. Mas disfarçavam, dizendo que quando o rei recebia toda a sua tralha real, o espírito de Hórus baixava nele. A partir desse dia, ele se tornava sagrado — e tão sagrado que não podia mais ser chamado pelo nome. Passava a ser chamado de *per-a'a*, que deu origem a *faraó* e quer dizer "Casa Real". É mais ou menos como se chamássemos o presidente da República de Palácio da Alvorada.

A consorte* do faraó, ou rainha, era a deusa Ísis. Em geral era uma irmã do rei!

Alexandre Magno

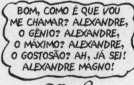

Depois de conquistar o Egito, Alexandre Magno (isto é, Alexandre, o Grande) foi consultar o oráculo do deus-sol egípcio, Rá. Os oráculos eram lugares onde se dizia que um deus falava e respondia perguntas. Em geral, ficavam em templos ou cavernas. Este ficava em Siwa, um oásis no deserto.

Consultar oráculos estava súper na moda, tanto na Grécia como no Egito. Era mais ou menos como, hoje em dia, consultar alguém que joga búzios ou lê tarô. Só que então a coisa era mais formal: a resposta era dada por um sacerdote, responsável pelo oráculo.

---

* Consorte não quer dizer "sortuda", mas "que compartilha o poder com outro". (N. T.)

Os ancestrais da Cleo

Alexandre proclamou-se rei do Egito. Para comemorar, fundou uma nova cidade na foz do rio Nilo, que chamou de Alexandria. Não era nenhuma novidade. Ele deixava uma Alexandria em cada país que conquistava. Modesto, o carinha, não acha? Quando morreu, havia 29 cidades chamadas Alexandria!

A Alexandria do Egito é a mais famosa de todas. Mas o coitado do Alex não viveu para vê-la. Partiu para outra guerra e morreu quando a cidade estava sendo construída — uma senhora cidade, diga-se! Tinha avenidas enormes e largas, grandes edifícios públicos. Foi lá que Cleópatra cresceu, duzentos anos depois de Alexandre, quando a cidade contava centenas de milhares de habitantes originários do mundo todo. Era um porto movimentado, com um sem-número de comerciantes, lojas, diversões — e criminosos.

Cleópatra e sua víbora

*Diga bruquéion. (N. T.)

Os ancestrais da Cleo

Cleópatra e sua víbora

Depois de Alexandre

Alexandre Magno tinha apenas 33 anos quando morreu. Tinha conquistado praticamente tudo o que havia para conquistar. Todos os anos ele conduzia seus homens em meses de marcha, combates, e mais marchas em condições duríssimas. Chegou a marchar com seus homens até a Índia, passando pela cordilheira do Himalaia! Vai ver que morreu de cansaço.

Quando ele morreu, todos os seus generais trataram de se apoderar de pedaços do seu gigantesco império. Ptolomeu, um general macedônio bom de briga, passou a mão no Egito.

Ptolomeu e seus sucessores nunca se deram ao trabalho de aprender a língua dos egípcios, mas, como Alexandre, foram logo adotando a ideia de reis-deuses. O problema de ser um rei-deus é que não dava para se casar com uma mulher qualquer. Tinha de ser com uma rainha-deusa, e rainhas-deusas eles só podiam encontrar na sua própria família. De modo que, como os faraós antes deles, os Ptolomeus se casaram com suas irmãs.

Seus parentes gregos ficaram chocados com isso. Quando Ptolomeu II se casou com a irmã, um poeta grego chamado Sótades lhe disse que aquilo era uma indecência.

Os ancestrais da Cleo

Ptolomeu II ficou uma fera. Meteu o poeta num caixote de madeira e jogou o caixote no mar.

Os Ptolomeus não só se casavam com suas irmãs, mas chamavam quase todos os seus filhos de Ptolomeu e quase todas as suas filhas de Cleópatra. Assim, volta e meia tinha um Ptolomeu se casando com uma Cleópatra, o que deve ter causado muita confusão em casa.

A Cleópatra que nos interessa aqui — a única famosa — tinha uma irmã mais velha chamada Cleópatra e dois irmãos mais novos chamados Ptolomeu, além de duas outras irmãs que *não* se chamavam Cleópatra. Achou complicado? E é mesmo!

Tudo em família

Os Ptolomeus se casavam com suas irmãs (ou, às vezes, com suas madrastas ou enteadas!) porque pensavam que essa era a melhor maneira de se garantir contra alguma traição. Pois estavam redondamente enganados! O resultado desses casórios foi trazer o inimigo para dentro de casa. Irmãos e irmãs, mães e filhos, pais e filhas reinavam em conjunto, até se desentenderem — e sempre acabavam se desentendendo. Então, na maioria das vezes, a briga acabava em assassinato! Tinha sempre um Ptolomeu matando outro. E nossa Cleo não foi exceção.

Os primeiros Ptolomeus não admitiam desordens. Soldados durões, mantinham os egípcios na linha. Mas, com o passar do tempo, a vida no Egito os tornou gordos e preguiçosos. Um dos últimos Ptolomeus, Ptolomeu VIII, era tão gordo que precisava que dois criados, um de cada lado, o amparassem para poder andar.

Em 80 a.C., a mulher (e madrasta!) de outro Ptolomeu — Ptolomeu XI — morreu misteriosamente. Corria à boca miúda em Alexandria que ele a assassinara. Como já não gostavam muito dele, aquilo serviu de pretexto para que o matassem. Como não teve filhos, tiveram de procurar um novo rei. Escolheram o filho de um Ptolomeu anterior. O cara adotou o nome de Ptolomeu XII e se casou — adivinhe com quem? — com a irmã, Cleópatra.

Esse novo Ptolomeu e sua irmã Cleópatra eram o pai e a mãe da nossa Cleópatra.

Os Ptolomeus sempre escolhiam uns nomes bacanas para enfeitar o Ptolomeu. Eles se chamavam, por exemplo, de "o Salvador" ou "o Apontado por Deus". O pai da Cleópatra chamava-se "o Novo Dioniso".

O aloprado deus do vinho

Dioniso era o aloprado deus grego do vinho, das mulheres e das cantorias. Sabemos que o pai da Cleo era chegado à música, porque outro apelido dele era Aulete, isto é, o Flautista. Também era conhecido por encher a cara e fazer as coisas mais grosseiras e cruéis, de modo que Dioniso talvez fosse mesmo o nome adequado para ele.

Mas como quer que os Ptolomeus se chamassem, o povo de Alexandria não engolia qualquer maluquice divina. Eles sabiam muito bem como era o pai da Cleo. Por isso, o chamavam de Notos, o que não era propriamente um elogio. Explicando educadamente, queriam dizer que o pai e a mãe dele não se casaram.

Cleópatra e sua víbora

Quanto à mãe de Cleópatra, não sabemos quase nada a seu respeito. Sumiu dos livros de história na época em que a Cleo nasceu. Pode ter sido chutada para escanteio ou, quem sabe, morreu no parto. Aulete, o flautista, não se casou de novo, mas teve mais três filhos depois do sumiço da mãe da Cleo.

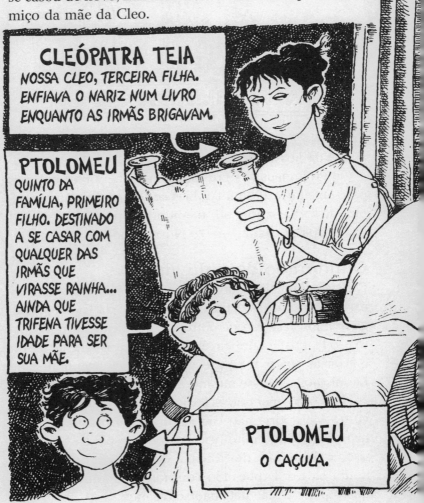

A família da Cleo

Todos os irmãos e irmãs da Cleo, sem exceção, morreram em lutas pelo poder que fizeram de Cleópatra a rainha, de modo que você pode imaginar como devia ser a vida deles no berçário.

Uma escola e tanto

Depois do berçário, nem Cleo nem seus irmãos e irmãs foram para a escola. Eles eram importantes demais. Em vez disso, ela e seus irmãos e irmãs tiveram preceptores, que iam ao palácio em Alexandria ensiná-los.

O Museu de Alexandria ficava ao lado do palácio real. E era *o* lugar indicado para os geniozinhos dos tempos ptolomaicos. O nome Museu vem de uma palavra grega que significa "Casa das Musas", e as tais Musas eram as deusas das artes e do estudo. Esse Museu atraía intelectuais, filósofos, matemáticos e astrônomos de toda parte, que iam a Alexandria queimar as pestanas juntos. Alguns eram convidados ao palácio para ensinar os jovens príncipes e princesas.

Cleópatra com certeza nunca teve um boletim escolar, mas se tivesse, seria assim. (Se você desconfiar das avaliações, lembre-se que os professores da Cleo eram espertos o bastante para não desagradar o pai dela...)

A família da Cleo

BOLETIM ESCOLAR
CLEÓPATRA TEIA (7 ANOS)

GREGO	Brilhante. Cleópatra Teia lê e escreve lindamente.
LATIM	OPTIMA!
ARAMAICO	Como qualificar o talento desta princesinha?
HEBRAICO	Nobre rei, vossa filha é o mais extraordinário prodígio. Só um homem tão maravilhoso quanto vós poderia ter gerado uma criança assim.
FENÍCIO	Faltam palavras! Sua Alteza já fala com fluência a língua fenícia.
MATEMÁTICA	Excelente. A jovem princesa tem um grande talento para o cálculo das taxas de juros.
CIÊNCIAS	Cleópatra Teia é outra joia da coroa dos Ptolomeus. Que inteligência! Que criatividade! Que entendimento da astronomia! Que interesse pela geometria!
ARTES CÊNICAS	Excelente. Cleópatra é uma atriz nata. Que talento no palco! Uma verdadeira princesa.

Cleópatra e sua víbora

Talvez os professores exagerassem um pouco para agradar o real pai, mas uma coisa é certa: Cleópatra era mesmo um gênio que, ao que parece, se interessava de fato por tudo. Quando cresceu, dizem que escreveu livros sobre pesos e medidas, ginecologia (conhecimento médico do sistema reprodutor feminino), alquimia, que era uma mistura de química com magia, e maquiagem. E, claro, falava aquela porção de línguas.

É verdade que toda a família era inteligente. Os Ptolomeus podem ter sido governantes cruéis e incompetentes, mas gostavam das artes, da música e do estudo. Mandavam vir livros e mais livros de Atenas, de modo que, quando Cleópatra nasceu, a biblioteca de Alexandria continha mais de meio milhão de volumes, na forma de rolos e papiros.

Papiros? Que que é isso?

1 O papiro é uma espécie de caniço que crescia nas margens do Nilo. Tinha caule grosso com folhas no topo.

2 O caule do papiro era cortado em tiras.

A família da Cleo

3 As tiras eram postas lado a lado na vertical.

4 Outras tiras eram postas na horizontal sobre a primeira camada.

5 Um peso bem grande era posto em cima de tudo. A seiva saía e colava as tiras, formando uma folha de papiro.

Os egípcios usavam os caniços de papiro para fazer tudo, de redes e linhas de pesca a jangadas. Os caniços finos eram usados para as linhas. Os caniços grossos eram cortados como pranchas de madeira e usados para fazer jangadas e canoas. O pé de papiro tinha mil e uma utilidades.

O rio Nilo era a base da vida egípcia. Os egípcios pescavam nele, pegavam aves e caçavam nas suas margens pantanosas... e ali faziam suas festas. Se a jovem Cleo tivesse escrito um diário, poderia ter descrito assim um dia da sua vida:

Cleópatra e sua víbora

DIÁRIO SECRETO DA CLEO
(10 ANOS)

Que máximo! Esta semana fomos caçar no rio. Nosso Divino Pai também foi! Fazia séculos que o DP não ia a um piquenique com as crianças. Éramos uns quarenta ao todo, contando os amigos e escravos do papai.

O rio está cheio depois das chuvas, mas Arquelau, nosso novo e jovem preceptor (o maior gato!), disse que pode não ter chovido bastante para uma boa colheita. Disse que o nível do rio não depende da chuva mas da neve das montanhas da Etiópia. Trifa disse que ele estava falando besteira. Disse que ninguém acredita nisso, mas acho que ele pode ter razão.

O DP disse que devemos pedir aos deuses que o rio continue enchendo. Não entendo o DP:

ele quer dizer que devemos pedir a ele? Porque ele é um deus. É por isso mesmo que o chamamos de DP. Mas se ele é um deus, por que ele precisa pedir? Ou por que nós precisamos? Por que ele simplesmente não manda mais chuva? Perguntei isso para a Trifa, mas ela riu de mim.

A família da Cleo

"Não é uma gracinha?", foi o que disse ao Arquelau (ela não parava de paquerar ele). "Ela ainda acredita nisso!"

Arquelau parecia preocupado. Tinha medo de que alguém ouvisse. Mas não tinha ninguém ouvindo. O DP, naquela altura, já tinha enchido a cara de vinho, e todos os seus amigos estavam em volta dele, pedindo que tocasse flauta.

"Acredita em quê, Trifa?", perguntei. É claro que eu sabia o que ela queria dizer, só queria fazer que ela dissesse o que eu sabia que ela pensava: que o DP não era divino coisíssima nenhuma.

Ela não respondeu. Então continuei enchendo a paciência dela, enchendo, enchendo, até ela me dar seu sorriso mais venenoso e dizer que se bastasse pedir ao DP, nunca teríamos secas nem colheitas desastrosas. Fingi não entender a explicação. A essa altura eu já tinha conseguido a cumplicidade de Arsínoe, que também insistia: "O que você quer dizer?".

Trifa estava a ponto de estrangular nós duas. Mandou que fôssemos nadar, e quando eu disse que não estava com vontade, ela me deu um tremendo beliscão. Ela queria que eu saísse de perto para poder continuar a paquera com o coitado do Arquelau. Que na verdade gosta mais de mim, porque eu sou mais divertida que a Trifa. E mais inteligente.

Trifa — uuuh! pfff!

Eu — divertida, inteligente, linda, modesta etc etc

Depois a Trifa chamou outra jangada e mandou o eunuco* Potino ir nadar com a gente. Ele é um rapaz gordinho que está sempre puxando o saco das pessoas importantes. Odeia nadar e morre de medo dos crocodilos. Olhei para Arsínoe, e trocamos um sorriso maldoso. De repente, obrigar o Potino a nadar parecia muito mais divertido do que implicar com a Trifa.

Aí o DP entrou na dança. Ele tinha ouvido que a gente queria nadar e mandou Potino fazer o que tínhamos mandado. Potino começou a suar e a tremer. Ele dizia temer que os crocodilos comessem "nossas adoráveis e divinas princesas". Pura mentira: ele não suportava

Potino morto de medo

---

* Os eunucos eram homens que tinham suas partes íntimas amputadas, de modo que dava para confiar a eles as mulheres da corte.

A família da Cleo

nós duas. Se os crocodilos nos comessem e ele chorasse, seriam lágrimas de crocodilo...
 O DP, que adivinhava tão bem quanto eu os verdadeiros sentimentos do eunuco, disse-lhe que era por isso mesmo que ele tinha de entrar na água primeiro. Tinha de servir de isca, disse o DP. Se os crocodilos não o comessem, nós duas poderíamos nadar com segurança. Potino estava quase chorando, o que fez o DP, que estava para lá de bêbado naquela altura do campeonato, ficar ainda mais cruel. **MERGULHE!** Berrou para Potino.
 O gordo horroroso teve de pular nas águas escuras e fundas do rio. Ele nadou em círculos, olhando por cima do ombro. Aí alguém me empurrou por trás. A Trifa, é claro. Desabei no rio, bem em cima do Potino. A água estava gelada, não gostei nada daquele banho. E também morria de medo dos crocodilos! Ainda bem que não apareceu nenhum, e quando todos viram que estávamos a salvo, também pularam na água; só os escravos ficaram na margem, olhando cheios de inveja para nós.
 Depois entramos todos nos barcos, e os

Cleópatra e sua víbora

Tudo bem, esse piquenique nunca aconteceu. Mas as famílias ricas passeavam, sim, de barco pelo Nilo. E Ptolomeu, o Flautista, era de fato um beberrão cruel, que adorava humilhar as pessoas obrigando-as a fazer coisas que elas não queriam.

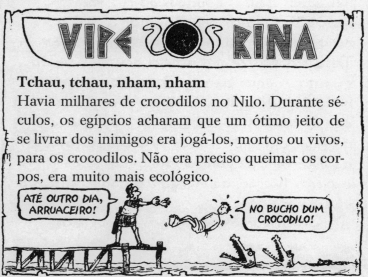

Tchau, tchau, nham, nham
Havia milhares de crocodilos no Nilo. Durante séculos, os egípcios acharam que um ótimo jeito de se livrar dos inimigos era jogá-los, mortos ou vivos, para os crocodilos. Não era preciso queimar os corpos, era muito mais ecológico.

A família da Cleo

Letra que não acaba mais

A escrita do Egito antigo parecia mais desenho do que escrita. Seus caracteres se chamam hieroglifos ou hieróglifos, o que significa "escrita sagrada". Às vezes eram agrupados em boxes denominados cartuchos. Os cartuchos eram gravados nas paredes dos templos e em pilares de pedra chamados estelas.

Havia também uma escrita mais simples, a hierática. Era usada em notas e textos não oficiais.

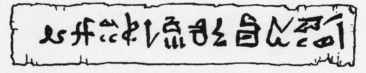

Cleo teria escrito seu diário em grego, que é assim:

Há duzentos anos, um arqueólogo achou um pedaço de pedra com a mesma coisa grafada três vezes: em hieroglifos, na escrita hierática e em grego. Como ele sabia grego, pôde deduzir o sentido de cada signo nas outras linguagens. A partir daí foi possível ler todos os outros cartuchos.

Essa pedra está no British Museum, em Londres. Chama-se Pedra de Roseta.

SAFRAS RUINS E VIZINHOS PODEROSOS

De certo modo, o Egito do tempo da Cleo era quase como o Egito de hoje. Um pedação do país era deserto. Mas o deserto guardava um segredo. Debaixo das suas areias havia riquezas aos montes: ouro, minério, pedras preciosas. E isso valia naquela época tanto quanto vale hoje.

O poderoso rio

Uma longa faixa do Egito era verdejante e fértil: o vale do Nilo. O Nilo é um rio muito comprido, que corre bem no meio do Egito. Recebe as águas das montanhas da Etiópia e da África Central e deságua no mar Mediterrâneo. No século passado (o XX, entenda-se), foi construída uma enorme represa, mas antes o rio transbordava toda primavera, tornando-se ainda mais largo. A água cobria quilômetros e quilômetros. Quando o nível baixava, o rio deixava atrás de si um lodo negro em que tudo o que se plantava crescia.

Os egípcios cultivaram esse vale extenso e rico por milhares de anos, desde o tempo dos faraós, antes deles até. Tornaram-se craques na agricultura. Construíam canais pa-

Safras ruins e vizinhos poderosos

ra irrigar terras mais distantes com a água do rio. Ao longo de todo o Nilo, até o sul, no chamado Alto Egito, havia aldeias, cidades e templos. Aí não havia muitos gregos. Durante gerações seus habitantes foram egípcios.

Em ambas as margens do rio, os lotes de terra eram bem demarcados, formando como que uma colcha de retalhos. Os limites entre as terras eram assinalados por pedras altas. Na época das cheias, só dava para enxergar o cocuruto das pedras acima da água.

Nos anos bons, os egípcios podiam cultivar qualquer coisa — e cultivavam. Plantavam toda sorte de cereais, com que faziam uma grande variedade de pães, biscoitos e bolos. (Mas eles tinham dentes horríveis, porque a farinha era feita à mão e, assim, ficava cheia de grãos duros que quebravam os dentes ou desgastavam seu esmalte.) Cultivavam o linho para fazer tecidos e óleo de linhaça. Cultivavam uva para o vinho e criavam gado para o leite, a carne e o couro. Também cultivavam vários outros tipos de frutas e vegetais, de modo que a alimentação deles era muito boa.

Mas tudo dependia de o rio encher até o nível certo. Se enchia pouco, não inundava muita terra; se enchia demais,

Cleópatra e sua víbora

as águas destruíam os canais de irrigação, que durante os meses escaldantes do verão mantinham a terra úmida.

Eu plantei, é meu

Os agricultores ao longo do Nilo ficavam felizes quando singravam o rio para vender seus produtos nas cidades, nos anos de boa safra. Nos anos ruins, a coisa era outra. Eles queriam ficar com tudo o que colhiam, para alimentar suas famílias.

Nilômetros
O governo registrava quanto o rio enchia. Todas as cidadezinhas às margens do rio tinham seu "nilômetro", em geral uns buracos no chão, às vezes degraus. A água do rio entrava neles, e os coletores de impostos anotavam a que altura ela havia chegado. Com base nisso, sabiam quanta terra era fértil e quanto da sua colheita o lavrador devia entregar ao rei.

A cidade grande
Havia cidades ao longo de todo o Nilo, mas a maior era Alexandria, bem na foz do rio.

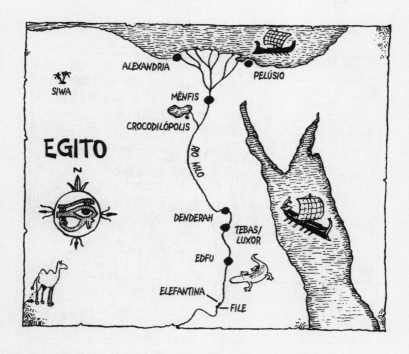

Alexandria era a capital do Egito ptolomaico. Como Paris ou Nova York hoje, era um lugar animado, cheio de gente do mundo inteiro. Havia em particular um montão de gregos, cujos ancestrais tinham chegado com os Ptolomeus. Também havia uma grande colônia judaica, e Alexandria estava sempre repleta de comerciantes e navegantes vindos de Roma, Chipre e de países do Oriente Médio. Tal como hoje, as pessoas que viviam na cidade grande eram um bocado espertas e costumavam ouvir com o pé atrás o que seus líderes diziam.

Os preços dos gêneros alimentícios eram altos na cidade, e, quando a safra era ruim, esses gêneros escasseavam. Isso deixava os moradores fulos da vida.

Durante o reinado de Ptolomeu, o Flautista, houve uma sucessão de safras ruins. O pessoal botava a culpa no rei.

A escassez de alimentos foi apenas um dos problemas de Ptolomeu, o Flautista. Havia outro, tão sério quanto — se não mais.

O império ataca

Desde o tempo dos faraós, o Egito era cobiçado pelos seus vizinhos. Com as terras férteis em torno do Nilo, mais seus recursos minerais, era o país mais rico do mundo. Não faltava país querendo conquistá-lo. Todos queriam aquela riqueza.

Safras ruins e vizinhos poderosos

Na época dos Ptolomeus, outro império poderoso estava surgindo: o Império Romano, que um dia se estenderia por toda a Europa e pela maior parte do Oriente Médio, inclusive a Judeia, a terra dos judeus.

Nos tempos do Ptolomeu Aulete, o Império Romano já era imenso. Controlavam-no seus três generais mais poderosos: Júlio César, Pompeu e Crasso, que formavam um triunvirato. Eles dividiam entre si os melhores pedaços.

Cleópatra e sua víbora

A águia romana
Assim como a víbora era sagrada para os egípcios, a águia era especial para Roma. Havia uma no topo de cada estandarte que as legiões romanas empunhavam nas batalhas.

Os romanos acreditavam que a águia era sagrada para Júpiter, o rei dos seus deuses.

Apesar de os governantes romanos possuírem mais terras do que podiam manter, eles adoravam conquistar outros países. Era um jeito de matar o tempo. E apreciavam particularmente o rico Egito. Achavam que a riqueza de lá daria para pagar durante anos e mais anos milhares de soldados.

O pai da Cleo morria de medo de que os romanos o atacassem e o depusessem. Tinha ainda mais medo de que seu povo se revoltasse e o pusesse dali para fora. De qualquer maneira, ia levar um cartão vermelho na certa.

Como sabia que não ia conquistar a simpatia do seu povo, resolveu puxar o saco dos romanos. Quando Cleo tinha dez anos, ele escreveu uma carta para os triúnviros romanos. Deve ter sido mais ou menos assim:

Safras ruins e vizinhos poderosos

Palácio Bruscheion

Oitavo mês do
ano XXI do reinado
de Ptolomeu XII*

Meus caros nobres,

Alegra-nos saber que suas campanhas militares estejam indo tão bem. Se eu não soubesse o trabalhão que dá governar um reino, pensaria que V. Ex.ªs estão achando a vida tranquila demais, agora que venceram todas as batalhas. Em todo caso, sei que V. Ex.ªs devem estar ocupadíssimos agora, mantendo todos esses pictos, celtas, judeus, germanos e gauleses na linha. Deve ser um alívio para V. Ex.ªs saber que existe no mundo um sujeito como eu, graças a quem V. Ex.ªs têm um país a menos com que se preocupar. Enquanto eu for rei, o Egito jamais atacará Roma! Podem crer!

Será que V. Ex.ªs poderiam me fazer um favor? As colheitas não têm sido nada boas por aqui nos últimos tempos, e o povo está agitado — V. Ex.ªs sabem como

---

* Para nós, 59 a.C. Os romanos contavam o tempo a partir da fundação da cidade. Seu ano 1 é o nosso 753 a.C. (Para evitar confusão, vamos usar o sistema de datas a que estamos acostumados.)

essa gente é, sempre reclama dos governantes quando as coisas estão pretas. Minha posição se fortaleceria muito se eles soubessem que V. Ex.ªˢ me apoiam.

Vosso leal servidor,
o eternamente grato e pacífico,

Ptolomeu XII Dionísio

CAPITÓLIO, ROMA
X / IX / DCXCV

CARO PTOLOMEU,

MUITO OBRIGADO POR SUA PROMESSA DE LEALDADE. FAVOR ENVIAR-NOS 6 MIL TALENTOS, COM O QUE TEREMOS O PRAZER DE DAR A PÚBLICO UMA PROCLAMAÇÃO COM O TEOR QUE VOCÊ SUGERE.
NO AGUARDO DA SUA PRONTA RESPOSTA, SUBSCREVEMO-NOS.

ATENCIOSAMENTE,

JÚLIO, POMPEU E CRASSO
TRIÚNVIROS DO GRANDE IMPÉRIO ROMANO

Pobre Ptolomeu Aulete! Seis mil talentos equivaliam à renda nacional egípcia de um ano inteiro. Ele não tinha um tos-

Safras ruins e vizinhos poderosos

tão na poupança e não ousava tentar aumentar os impostos, porque isso deflagraria uma revolução. Achou melhor tomar ouro emprestado — de um prestamista romano.

Agora é que estava enrolado mesmo! Os prestamistas cobravam juros astronômicos, de modo que sua dívida não parava de crescer. Quanto ao povo egípcio, não deu a menor bola para as afirmações de Roma dizendo quem era seu legítimo rei. Em fins do ano 59 a.C., Ptolomeu XII precisou de mais que uma declaração dos romanos para se manter no trono. As ruas estavam em pé de guerra: o povo o derrubou, e ele chispou para Roma, a fim de pedir a seus "aliados" que mandassem um exército para botá-lo de volta no trono. Como não havia aviões naquela época, teve de ir por mar.

Os navios de então eram a remo e a vela: vela quando o vento vinha de trás, remo quando não vinha. Mas não era um par de remos apenas. Não, havia uma fileira enorme de remos de cada lado do navio, muitas vezes com mais de um homem para cada remo. Os remadores, que eram escravos, remavam juntos, e o navio avançava contra o vento pelo encapelado Mediterrâneo.

Como ele estava fugindo, não foi no navio real, de modo que não devia ter cabine especial.

Cleópatra e sua víbora

Cacife baixo

A caminho de Roma, Ptolomeu, o Flautista, aportou na ilha de Rodes. Arranjou um encontro com um romano importante, Catão, o Jovem. Como a maioria dos romanos, Catão não tinha a menor consideração por aquele velho, gordo e decadente Ptolomeu, e decidiu dar prova do seu desprezo. Estava jogando baralho quando Ptolomeu chegou. De propósito, não mandou seus serviçais pedirem ao rei egípcio que esperasse um pouco no saguão.

"Mande entrar!", disse.

O rei do Egito entrou e sofreu a humilhação de ter de tratar de seus assuntos com Catão enquanto este continuava o carteado. Que vexame!

VIPE RINA

Registrando o tempo

Os egípcios e os romanos tinham maneiras diferentes de contar seus anos. Costuma-se contar o tempo a partir de um Acontecimento Importante — como o início de um novo reinado. Os egípcios diriam, por exemplo, "no décimo ano do reinado de Ptolomeu Sóter"; e os romanos, "trezentos anos após a fundação de Roma".

Fazemos hoje a mesma coisa. O Acontecimento Importante a partir do qual os países ocidentais contam o tempo é o nascimento de Jesus Cristo. Não se encontrou nenhum acontecimento mais importante para ser o início de uma contagem do tempo. (Os franceses tentaram um novo calendário em 1792, após a Revolução, mas não pegou.)

Safras ruins e vizinhos poderosos

Quando o gato não está...

Enquanto o pai da Cleo estava em Roma, lá em Alexandria tramava-se todo tipo de conspirações e contraconspirações. No reinado dos Ptolomeus não se podia dizer abertamente o que se pensava, mas as pessoas escreviam sobre eles nas estelas da cidade, em segredo, coisas de arrepiar — mais ou menos como as pichações nas paredes e nos viadutos hoje em dia.

Eis o que aconteceu depois e o que poderiam ter escrito nas estelas sobre o acontecido.

Cleópatra Trifena proclama-se rainha. Promete não dar mais um tostão a Roma.

Mas Cleópatra Trifena morre de repente, ninguém sabe de quê.

Cleópatra e sua víbora

Berenice é declarada rainha do Egito.

Os mensageiros que Berenice mandou para pedir aos triúnviros romanos que a reconhecessem como rainha são mortos na praia. Os homens de Ptolomeu talvez estivessem lá à espera deles.

Enquanto isso tudo acontecia, a cidade de Alexandria estava em efervescência. As tropas leais a Berenice restauraram a ordem, mas muitos temiam apoiá-la porque, se Ptolomeu resolvesse voltar e lutar pelo trono, podiam se dar mal.

Safras ruins e vizinhos poderosos

Tinham toda a razão em ser cautelosos. No fim, depois de muita confusão, os romanos decidiram apoiar Ptolomeu, o Flautista, e ajudá-lo a recuperar seu trono — em troca de mais dinheiro, naturalmente! Um general romano chamado Gabínio foi despachado com um exército para Alexandria. O prestamista de Ptolomeu foi junto, para ter certeza de embolsar os juros da grana. E com eles também foi um jovem militar chamado Marco Antônio.

Ao ouvir dizer que um exército romano estava a caminho, os partidários de Berenice ficaram morrendo de medo. Os romanos eram soldados muito melhores do que os egípcios, que sabiam estar fritos. Mas estes acharam que a rainha se fortaleceria se tivesse um marido, de modo que arranjaram um cara para casar com ela. Berenice não gostou do sujeito. Achava-o uma besta quadrada e tratou de se livrar dele dias depois do casamento: mandou estrangulá-lo.

Arranjaram um segundo marido. Ele devia estar tremendo nas sandálias. Quem será que ia acabar com ele primeiro, sua mulher ou os romanos? Acabaram sendo os romanos. Ele morreu guerreando os ditos-cujos. Marco Antônio, que sempre foi generoso com os inimigos e sempre adorou as pompas e circunstâncias, brindou-o com um enterro magnífico. Isso deixou o rei da flauta chateadérrimo. Já Berenice não teve vez. Ela havia tentado tomar o trono do pai, logo o pai tinha uma bela desculpa para executá-la — junto com todos os partidários dela.

Onde é que estava a Cleópatra esse tempo todo? Ninguém sabe. Tinha doze anos quando seu pai fugiu, catorze quando ele retomou o poder. Se ela ficou em Alexandria, sua vida deve ter corrido perigo mais de uma vez, com todas aquelas revoltas, dentro e fora do palácio. Será que seu pai a levou consigo para Roma? Será que a mandou para outra cidade egípcia, longe da confusão? Terá sido por isso que ela aprendeu a falar a língua dos egípcios? Ou Cleo simplesmente ficou com o nariz metido nos livros, na vasta biblioteca de Alexandria, fingindo não se interessar pela política? Nunca saberemos.

O que sabemos é que ela sobreviveu e que, quando seu pai voltou, a nomeou sucessora dele. Isso significa que, se ela ficou no Egito aquele tempo todo, não deve ter se envolvido nos complôs das irmãs.

Safras ruins e vizinhos poderosos

DIÁRIO SECRETO DA CLEO
(16 anos)

Acabo de voltar de uma viagem pelo Nilo com Arsínoe e o DP. Ele disse que queria nos mostrar o enorme reino rio acima. Que paisagens deslumbrantes nós vimos!

Fomos num baita barco a vela, o vento soprava do norte. Saindo da cidade, passamos primeiro pelas terras alagadas, depois por vastas pastagens, depois por vinhedos onde os cachos de uva amadureciam ao sol.

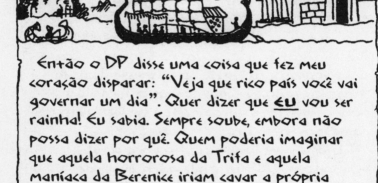

Então o DP disse uma coisa que fez meu coração disparar: "Veja que rico país você vai governar um dia". Quer dizer que <u>EU</u> vou ser rainha! Eu sabia. Sempre soube, embora não possa dizer por quê. Quem poderia imaginar que aquela horrorosa da Trifa e aquela maníaca da Berenice iriam cavar a própria cova! Que alívio quando as duas morreram!

Será que a Arsínoe sente por mim o mesmo que sinto por ela? Aposto que sim. Ela está sempre me armando ciladas. Um dia ela disse que achava uma pena eu não ser mais alta, porque, baixinha, eu não iria valorizar os trajes reais.

Outro dia, ela não parava de falar que a rainha mais poderosa do Egito era Arsinoe II. Eu lhe lembrei que Berenice III também tinha sido uma rainha poderosa, mas olhe só o que aconteceu com nossa irmã Berenice. Depois lhe dei as costas e fui para a proa do barco. Eu sabia que ela estava me observando cheia de ódio e inveja. Tenho de tomar cuidado com ela.

NOTA: mande espiões ficarem de olho nela

Eu gostava de contemplar as pequenas fogueiras do lado de fora da casa dos lavradores, na planície que se estendia a partir das margens do rio. O vento trazia as vozes das crianças, e eu sentia certa inveja daquela gente, que não tem nas costas o fardo do poder. Aposto que não temem um ao outro como nós tememos.

Velejamos um longo trecho para o sul, passando por Mênfis, onde o DP disse que deveria ter sido coroado. Perguntei por que não foi, e ele disse que a agitação era grande em Alexandria, por isso não ousou sair da cidade.

Entendi então que o pobre DP temia por seu trono desde o dia em que o herdara.

Navegamos centenas de quilômetros. O rio se estreitava o tempo todo, e por fim chegamos a Denderah, onde meu pai terminava as obras

do grande templo iniciado por nossos ancestrais. Era uma construção bonita e rica, um monumento ao grande poder da nossa família.
 Numa curva do rio, chegamos ao templo de Sobek, o deus-crocodilo. Num banco de areia, avistamos dúzias de crocodilos tomando sol. Quando atracamos e descemos na praia perto do templo, morri de medo de que os crocodilos viessem atrás de nós. Um cara do lugar nos contou que eles tinham matado sete pessoas no mês passado: três pescadores adultos, uma mulher e três crianças.

 Em Coptus, o DP ergueu um altar aos velhos deuses egípcios ainda adorados pela gente do lugar. Naquela noite tomamos vinho a bordo, ou melhor, o DP tomou vinho com Arsínoe. Não tomei um só gole. Na minha família, é bom manter as ideias claras.
 "Este é o verdadeiro Egito", disse meu pai naquela noite. "Alexandria não é o Egito. Alexandria é Alexandria. Uma cidade

movimentada, cheia de gente mestiça. Os egípcios de verdade estão aqui. São eles que pagam os impostos e abastecem a cidade. Você tem de garantir que essa gente a ame, quando for rainha."

Como ali parecia longe de Alexandria e do mundo moderno! Um lugar fora do tempo. Eu percebia quanto meu Divino Pai ama o velho Egito. Quanto, apesar do sangue grego, ele é ligado ao povo egípcio. Ele ficou todo contente quando descobriu que eu podia falar com aquelas pessoas na língua delas. Disse que nenhum rei da casa dos Ptolomeus fizera isso antes.

No caminho de volta, conversamos sobre o perigo que Roma representava para o Egito. Sobre a necessidade de termos os romanos como aliados, ainda que isso custasse caro.

Acho que ele tem razão. Não podemos enfrentá-los, logo temos de tê-los do nosso lado. Mas que sangria desatada isso causava: subornar, tomar emprestado para subornar, pagar juros sobre os empréstimos.

Manter os romanos do nosso lado sem dinheiro. Era esse o desafio. Tinha de ter um jeito.

E tinha mesmo um jeito, mas só muitos anos depois é que Cleópatra o descobriu.

O pai da Cleo reinou mais quatro anos. As coisas não melhoraram nada para ele. Seu prestamista romano insistia em ser o responsável pelas finanças do Egito. Aquele cara extorquia tanto dinheiro em "impostos", que o povo de Alexandria quis arrancar a sua pele.

Ele conseguiu escapar vivo por um triz, mas teve de fugir correndo para Roma. O general Gabínio não era melhor que ele. Extorquia da direita, da esquerda e do centro também.

Os romanos não se incomodavam com que sua gente arrancasse dinheiro dos estrangeiros, contanto que mandasse a grana para Roma. Não era o que aqueles dois faziam. Todo o dinheiro que arrancavam dos egípcios ia direto para o bolso deles. Quando voltaram para casa, foram processados por fraude — contra os romanos.

Cleópatra e sua víbora

DIÁRIO SECRETO DA CLEO

O nojento do Gabínio foi embora. Levou Marco Antônio com ele. Graças aos deuses! MA acha que só porque é alto e bonitão eu tenho de ficar a fim dele.

Tudo bem, até que ele é divertido. E seus homens também. Todo mundo diz que ele é bonzinho e generoso. Mas bebe demais, e, afinal de contas, sou uma princesa egípcia. Não vou cair em cima do primeiro soldado romano gato que aparecer. <u>Preciso</u> me casar com um bom rei, pelo bem do Egito. Pena que vai ter de ser com um dos meus irmãozinhos...

Gabínio deixou uma porção de soldados aqui, para ajudar o DP a manter a ordem. Para mim, eles não parecem manter ordem nenhuma. Estão o tempo todo brigando e arrumando encrenca.

Quando eu for rainha, não vai ter romano nenhum me mantendo no poder.

Um exército romano ficou no Egito até o fim do reinado de Ptolomeu. Ptolomeu sabia que os alexandrinos o odiavam muito, motivo por que ele não podia dispensar os soldados romanos. Tinha de se conformar com o fato de que não passava de um rei-fantoche.

A rainha Cleo

Um ano antes de morrer, disse de novo a Cleópatra que ela seria sua herdeira. O que a Cleo não sabia é que ele mandara uns documentos para Roma.

DERRADEIRA VONTADE E TESTAMENTO DE
PTOLOMEU XII DIONÍSIO
REI DE TODO O EGITO

EU, ABAIXO ASSINADO, DEIXO TODO O MEU REINO (EGITO) PARA A MINHA FILHA CLEÓPATRA TEIA E PARA MEU FILHO MAIS VELHO, PTOLOMEU, QUE DEVEM SE CASAR ENTRE SI E SER CONHECIDOS COMO REI PTOLOMEU XIII E RAINHA CLEÓPATRA VII.

SE QUANDO EU MORRER MEU DITO FILHO, O PTOLOMEU MAIS VELHO, AINDA FOR MENOR DE IDADE, DESIGNO O EUNUCO POTINO COMO SEU TUTOR ATÉ ELE ATINGIR A MAIORIDADE.

GUARDO ESTE TESTAMENTO COM O TESOURO PÚBLICO, EM ROMA. SEI QUE POSSO CONFIAR AO MAIS MARAVILHOSO, AO MAIS NOBRE DOS LÍDERES ROMANOS A EXECUÇÃO DOS DESEJOS DO SEU MAIS LEAL ALIADO (EU MESMO), SABENDO QUE, COM MEU AMADO FILHO E MINHA AMADA FILHA NO TRONO, ROMA NÃO TERÁ PROBLEMAS COM O EGITO.

ΠΤΟΛΕΜΥ

PTOLOMEU XII DIONISO, NO QUINTO DIA DO TERCEIRO MÊS DO VIGÉSIMO OITAVO ANO DO SEU REINADO

Cleópatra só tomou conhecimento do testamento do pai depois que ele morreu. Quando tomou, cuspiu víboras.

Cleópatra e sua víbora

> ## DIÁRIO SECRETO DA CLEO
>
> O DP era um mentiroso! Agora que ele morreu, posso dizer. Mentiroso, mentiroso, mentiroso! Bem, eu sempre soube que ia ter de aguentar o pirralho do Ptô nas costas. Não tem como a gente se livrar do irmão menor neste país. Mas tudo vai dar certo. Ptô é uma criança, vou poder manipulá-lo fácil.
>
> Mas o DP fez do Potino o regente!!! POTINO! Como se atreveu! O DP sabia perfeitamente que odeio o Potino! E que aquele monstro gordo me odeia! Ele é perigoso. E não vai fazer só o que papai mandou. OOOOH!!! Não tem nada mais frustrante do que ser rainha e ter de tomar cuidado com o chão onde piso. O DP era mesmo um horror! Caí numa arapuca!

Cleópatra tinha razão. Caíra numa arapuca. Ela e o pequeno Ptolomeu (que só tinha dez anos e era tão chato quanto seus outros irmãos) se casaram e passaram a se chamar "Divinos Irmãos Amorosos".

A rainha Cleo

1º round: Nada do Ptô!

Casada ou não, a Cleo não tinha a menor intenção de reinar em conjunto com quem quer que fosse. Desde o começo, quando o Ptô brincava com seus amiguinhos no palácio, Cleo tratou de mostrar a Potino quem mandava ali. Emitiu uma nova moeda. Em vez da cabeça dos dois divinos irmãos amorosos, as moedas só tinham a cabeça dela. Nada do Ptô!

Aliás, a Cleo não saiu nem um pouco bonita nas moedas. O nariz e a testa eram salientes demais. A expressão era forte, revelando um caráter idem. Sabemos disso porque algumas dessas moedas chegaram até nossos dias.

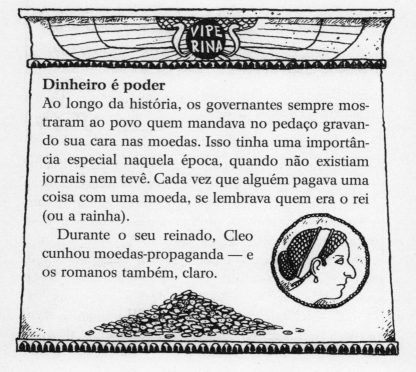

Dinheiro é poder

Ao longo da história, os governantes sempre mostraram ao povo quem mandava no pedaço gravando sua cara nas moedas. Isso tinha uma importância especial naquela época, quando não existiam jornais nem tevê. Cada vez que alguém pagava uma coisa com uma moeda, se lembrava quem era o rei (ou a rainha).

Durante o seu reinado, Cleo cunhou moedas-propaganda — e os romanos também, claro.

Cleópatra e sua víbora

2º round: O tourinho branco

Desde o começo, Cleo foi campeã no que hoje chamaríamos de "saber se promover". Já naquela época os governantes estavam cansados de saber que podiam influenciar a opinião do povo sobre eles com as coisas que faziam e com a maneira como as faziam.

> **DIÁRIO SECRETO DA CLEO**
>
> Disseram-me que o touro sagrado de Bukhis está morrendo. Vou subir o rio até Tebas e levar pessoalmente um novo tourinho para o templo de Hermonthis. É uma excelente oportunidade para mostrar ao povo do Alto Egito que não sou grega, mas uma verdadeira rainha egípcia. O DP ficaria orgulhoso de mim!

Foi exatamente o que ela fez. O Touro Branco de Bukhis era importantíssimo para os egípcios. Acreditavam que ele era a forma viva do deus Rá. Sempre que um touro velho morria, um novo tourinho vinha substituí-lo. Cleópatra subiu o rio até Tebas e levou o novo touro para o templo. Sabemos disso porque no templo há uma estela com a seguinte inscrição: "No primeiro ano do seu reinado, a Rainha, Deusa Amorosa do Pai, remou até Per--Montu trazendo o touro no barco de Rá". *Per-Montu* é *Hermonthis* em egípcio. Montu era o nome do deus local, representado pelo touro. É claro que Cleópatra não remou ela mesma o barco. Com certeza foi sentada num trono, vestindo seus mais belos trajes reais. Quem remou mesmo foram seus escravos.

Mas a mensagem que ela transmitia ao povo era alta e clara: "Sou uma de vocês". O povo do Alto Egito gostou de Cleópatra desde o começo.

3º round: Faça o que eu digo!
De volta a Alexandria, encontrou a situação de sempre. Colheitas ruins, o povo revoltado culpando os Ptolomeus. Cleópatra precisava do apoio dos romanos.

Mas os romanos — as mesmas tropas deixadas pelo general Gabínio e por Marco Antônio — causavam mais problemas do que resolviam. Não tinham respeito por nada.

Certo dia, um barco trazendo dois jovens nobres romanos chegou a Alexandria. Haviam sido enviados pelo pai, o governador romano da Síria, que necessitava de tropas e os mandara chamar os soldados de Gabínio.

Cleópatra e sua víbora

Mas os homens de Gabínio não queriam sair de Alexandria. Estavam levando uma vida boa ali. Muitos deles tinham esposa e filhos alexandrinos, e a simples ideia de sair de casa para de novo guerrear os revoltava. Não se limitaram a dizer aos jovens romanos que podiam tirar o cavalo da chuva — mataram-nos.

Para Cleópatra era uma oportunidade de ouro. Podia provar sua lealdade a Roma e mostrar aos homens de Gabínio quem é que mandava ali. Com muita audácia — porque a coisa podia ter resultado numa revolta —, a jovem rainha mandou prender os culpados e os despachou acorrentados para o governador romano.

Até então, Cleópatra havia manipulado apenas o irmãozinho e seus tutores. Estava se revelando agora uma rainha forte e independente. Mas, no ano seguinte, a safra foi pior do que nunca. Faltava comida nas feiras, e o povo passava fome.

4º round: É culpa dele também

> **DIÁRIO SECRETO DA CLEO**
>
> De novo Potino está pegando no meu pé por causa do Ptô. Diz que eu o deixo fora de tudo. Ele quer que o nome do Ptô apareça em todos os documentos do governo. Diz que tenho de parar de agir dessa "maneira arbitrária".
>
> Uma vez na vida, vou atendê-lo. A safra foi muito pior do que se esperava, e tenho de mandar os lavradores enviar à cidade tudo

A rainha Cleo

> o que colheram. Eles não vão gostar nada, nada. Quanto aos alexandrinos, estão sempre insatisfeitos, não importa o que eu faça. Então, como vou ser impopular, não vejo por que não pôr o nome do Ptô no decreto. Que ele seja impopular comigo, ora! Potino é tão burro que nem vai perceber a minha jogada.
> He, he, he.

— QUAL É?

Foi exatamente o que aconteceu. Os agricultores foram obrigados a mandar grandes quantidades de alimentos para a cidade. E, pela primeira vez, o decreto era assinado pela rainha Cleópatra e por seu consorte e irmãozinho, o rei Ptolomeu XIII.

Além desses problemas internos, Cleo tinha de manter os romanos sossegados. A grande questão era...

Que romanos?
Durante séculos, Roma havia sido uma república. Isso quer dizer que não havia reis-deuses em Roma. Em vez disso, Roma tinha uma constituição e, em tese, era con-

59

Cleópatra e sua víbora

trolada por um conselho formado por cidadãos romanos importantes chamado Senado. Na prática, os triúnviros (aqueles três generais poderosos) faziam o que queriam e ignoravam mais ou menos o Senado, e os cidadãos importantes ficavam tiriricas com isso.

Em todo caso, nunca mais houve triúnviros. (Crasso foi assassinado em 53 a.C., numa batalha contra os partos.*) Agora quem detinha o poder de fato em Roma eram apenas duas pessoas...

Gnaeus Pompeius, vulgo Pompeu, o Grande

Militar, famoso por ter limpado o Mediterrâneo dos piratas e vencido importantes batalhas. Quando viu que não era tão poderoso quanto Júlio César, decidiu que não queria ser ditador e se disse favorável ao sistema senatorial.

Júlio César

Famoso por ter conquistado a Gália (França) e invadido a Bretanha. Escrevia livros enquanto marchava com seu exército. Interessava-se por tudo — ciências, artes, teatro, arte militar —, em particular pelas mulheres. Muita gente achava que ele queria ser o único mandachuva do Império Romano.

* Os partos eram o povo da Pártia, que fica no atual Irã.

A rainha Cleo

Em 49 a.C., Pompeu e César estavam em guerra. O exército de César expulsou Pompeu da Itália. Pompeu fugiu para a Ásia Menor, mas mandou seu filho ao Egito, pedir suprimentos para suas tropas. Queria também que todos os romanos deixados por Gabínio em Alexandria se juntassem às suas forças. Eis a breve carta que Cleópatra lhe mandou em resposta.

> PALÁCIO BRUKHEION
> SEXTO MÊS DO SEGUNDO ANO DO
> REINADO DE CLEÓPATRA E PTOLOMEU
> DIVINOS IRMÃOS AMOROSOS (49 A.C.)
>
> CARO POMPEU,
> DEI ESTA A SEU FILHO PARA QUE ELE A ENTREGUE A VOCÊ. COMO JÁ DEVERÁ SABER QUANDO A RECEBER, FIZ TUDO O QUE PEDIU. SEU FILHO LEVA TODO O TRIGO QUE PODEMOS MANDAR JÁ (LEMBRE-SE, POR FAVOR, QUE ESTAMOS PASSANDO FOME AQUI) E TAMBÉM QUINHENTOS HOMENS QUE SERVIRAM SOB O COMANDO DE GABÍNIO.
>
> SUA LEAL ALIADA,
>
> ΚΛΕΟΠΑΤΡΑ
>
> CLEÓPATRA, RAINHA DO EGITO

Como Cleópatra conseguiu que os homens de Gabínio saíssem de Alexandria e fossem combater por Pompeu? Ninguém sabe. Vai ver que os subornou. Como quer que ela tenha feito, Pompeu ficou-lhe muito grato.

Cleópatra e sua víbora

> ACAMPAMENTO DO EXÉRCITO ROMANO
> ÁSIA MENOR, DCCV (49 A.C.)
>
> CARA CLEÓPATRA E CARO PTOLOMEU,
>
> GRATO PELO TRIGO E PELOS SOLDADOS. VOCÊS PROVARAM SER BONS AMIGOS E, EM AGRADECIMENTO POR ESSA AJUDA, EU, ABAIXO ASSINADO, NOMEIO-ME TUTOR DO JOVEM PTOLOMEU.
>
> ATENCIOSAMENTE,
>
> GNAEUS POMPEIUS

Se era bom ter Pompeu como tutor quando ele estava fugindo de Júlio César era outra coisa. Potino achava que não. (Afinal, isso significava que ele ficaria desempregado!) E o povo de Alexandria estava furibundo: detestava que seus reis fossem serviçais de Roma.

A rainha Cleo

Quando Potino percebeu como o povo estava revoltado, resolveu culpar Cleópatra. "Foi tudo ideia dela", disse. O jovem rei Ptolomeu não tinha nada a ver com aquilo. O povo de Alexandria acreditou nele e botou a Cleo para fora da cidade.

O quarto round Potino ganhou.

Guerra civil no Egito

Cleópatra refugiou-se no interior do Egito, onde o povo gostava mais dela. Foi posta para fora da cidade, mas não estava fora de combate. Arregimentou um exército, e quando Potino e o exército do rei marcharam contra ela, tudo indicava que uma guerra civil ia estourar.

Mas antes de os dois exércitos entrarem em luta, chegaram notícias de uma grande batalha entre os romanos. Júlio César derrotara Pompeu, e Pompeu fugira. Estava a caminho do Egito! Em setembro de 48 a.C., o exército do rei Ptô, acampado ao longo da costa à espera do momento de atacar Cleópatra, avistou a frota de Pompeu se aproximando.

Que fazer? Aí está a anotação que Potino fez quando matutava sobre como esse fato poderia vir a afetá-lo:

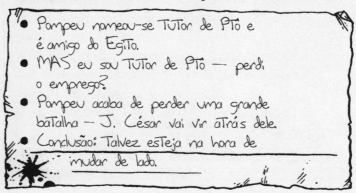

- Pompeu nomeou-se TuTor de Ptô e é amigo do Egito.
- MAS eu sou TuTor de Ptô — perdi o emprego?
- Pompeu acaba de perder uma grande batalha — J. César vai vir atrás dele.
- Conclusão: Talvez esTeja na hora de mudar de lado.

Cleópatra e sua víbora

Potino foi se encontrar com o preceptor de Ptô, Teódoto, e os dois armaram um complô. Talvez vocês adivinhem que complô foi esse se souberem que Teódoto disse: "Homens mortos não mordem".

Mandaram o jovem rei Ptô vestir seus trajes reais e ficar na praia, pronto para receber seu tutor.

Mandaram um pequeno barco a remo à nau capitânia de Pompeu. Iam no barco um general egípcio e dois soldados romanos que tinham servido sob o comando de Gabínio. Potino sabia que Pompeu confiaria nos romanos.

Os três do barco convidaram Pompeu a ir com eles até a praia — sozinho. Pompeu achou meio esquisito, mas os dois romanos disseram que era o costume egípcio e que ele receberia as devidas boas-vindas na praia. Pompeu se despediu da mulher, Cornélia, que estava a bordo da nau com ele, e desceu por uma escada de cordas até o barquinho a remo.

A rainha Cleo

Cornélia viu aumentar a faixa de água entre sua nau e o bote. Mais tarde contaria à irmã o que aconteceu em seguida.

IRMÃ,

A NOTÍCIA MAIS TERRÍVEL, PIOR ATÉ QUE A DERROTA DE QUE LHE FALEI ONTEM. GNAEUS ESTÁ MORTO.

ELE SABIA QUE HAVIA ALGO ERRADO QUANDO ENTROU NO BARCO A REMO. EU O VI MUDAR DE IDEIA. TENTAR SUBIR A ESCADA DE CORDAS NOVAMENTE. MAS ERA TARDE DEMAIS. AQUILAS JÁ REMAVA PARA A PRAIA.

QUANDO ESTAVAM LONGE DEMAIS DE NÓS PARA QUE PUDÉSSEMOS ACUDIR, MAS AINDA NÃO NA PRAIA, HOUVE UMA CONFUSÃO. DOIS HOMENS O ATACARAM. OUVI UM GRITO PAVOROSO CORTAR AS ÁGUAS. DEPOIS OS NAVIOS DA ARMADA EGÍPCIA COMEÇARAM A INVESTIR CONTRA NÓS. ALGUNS DOS NOSSOS NAVIOS FORAM A PIQUE, O RESTO BATEU EM RETIRADA. ESCREVO ESTA DE CHIPRE, ONDE APORTAMOS HÁ DOIS DIAS.

ESTOU TÃO INFELIZ QUE NÃO CONSIGO PENSAR DIREITO.

SUA IRMÃ DESOLADA,

CORNÉLIA

Cleópatra e sua víbora

Não havia jornais em Roma naquela época, mas, se houvesse, os fatos — e o que aconteceu depois — poderiam ter sido relatados mais ou menos assim:

O CENTURIÃO
XX/IX/DCCVI (48 A.C.)
EGITO: PRESENTES DE GREGO

A frota de César entrou na baía de Alexandria hoje, dois dias depois do assassinato do seu inimigo, Gnaeus Pompeius. César esperava combater Pompeu. Em vez disso, encontrou Teódoto, preceptor do rei do Egito, que lhe deu dois presentes sangrentos. O primeiro, o anel com o sinete de Pompeu, seu emblema de general e procônsul. O segundo arrancou lágrimas de César. Era a cabeça ensanguentada do seu antigo colega.

A fúria de César
O rei grego do Egito achava que César ia gostar daquele presente medonho, mas estava enganado. "Posso ter tido minhas desavenças com o Pompeu, mas nem por isso vocês deviam matá-lo", declarou César. "Será que se esqueceram de que ele ainda era um líder romano?"

Teódoto dá a César seus "presentes"

A rainha Cleo

O CENTURIÃO
XXVIII/IX/DCCVI (48 A.C.)
ROMANOS DESFILAM EM ALEXANDRIA

César marcha na capital egípcia

Hoje os cidadãos de Alexandria viram César marchar à frente de uma enorme parada pelas ruas de Alexandria. "Reis que assassinam generais romanos não podem continuar sendo reis", disse César.

O que os jornais romanos não mencionam é a raiva do povo egípcio. Os egípcios estavam furiosos com César. Achavam que a parada se parecia demais com um triunfo romano — o desfile que Roma realizava quando um país era conquistado. Eles não haviam sido conquistados. Ainda tinham um rei, e aquilo era um insulto. César tinha se metido numa bela encrenca.

DIÁRIO DE CÉSAR

AI, COMO ESSES EGÍPCIOS SÃO SUSCETÍVEIS! MAIS REBELIÕES HOJE. TIVE DE MANDAR MEUS HOMENS RESTABELECEREM A ORDEM.

NÃO VOU COM A CARA DESSE EUNUCO. SUJEITINHO INSOLENTE. EU VINHA ME PERGUNTANDO POR QUE NOSSAS REFEIÇÕES SÃO SERVIDAS EM PRATOS DE MADEIRA. HOJE COMENTEI: "ONDE ESTÃO O OURO E A PRATA EM QUE SE DIZ QUE OS EGÍPCIOS COMEM?". ELE TEVE O ATREVIMENTO DE RESPONDER QUE TÍNHAMOS ROUBADO TUDO. PEDI QUE SE EXPLICASSE. ELE ENCOLHEU OS OMBROS, DISSE QUE TUDO TINHA SIDO MANDADO A ROMA, PARA PAGAR OS PRESTAMISTAS. QUE INSOLÊNCIA! ELE ESTAVA PASSANDO DOS LIMITES. REPLIQUEI: "QUEM SABE ASSIM VOCÊS NÃO APRENDEM COMO É BOM TOMAR DINHEIRO EMPRESTADO?". CLARO QUE NÃO ERA VERDADE. ELE DEVE TER ESCONDIDO A PRATARIA EM ALGUM LUGAR.

HOJE O BAIXOTE SEBENTO TEVE O ATREVIMENTO DE ME DIZER QUE ESTAVA NA HORA DE EU VOLTAR PARA ROMA. RESPONDI-LHE QUE EU NÃO IA PARA LUGAR NENHUM ENQUANTO ELE NÃO TERMINASSE A BRIGA COM A JOVEM RAINHA. MALDITO EUNUCO! OS CENTURIÕES QUE CUIDAM DOS SU-

A rainha Cleo

PRIMENTOS ME DISSERAM QUE O TRIGO QUE ELE MANDOU ESTAVA MOFADO. UM DIA DESSES ELE VAI ACABAR ME FAZENDO PERDER A PACIÊNCIA.

EU BEM QUE GOSTARIA DE VER A RAINHA. FEIOSINHA, SE BEM ME LEMBRO, MAS DE UMA INTELIGÊNCIA AFIADA COMO UMA FACA. SEMPRE QUE PERGUNTO ONDE ELA ESTÁ, O BAIXOTE SEBENTO RESPONDE: "ELA NÃO CONFIA EM MIM, SENHOR. NÃO VAI APARECER". NÃO POSSO DIZER QUE A CENSURO POR ISSO.

Cleo também estava louca para entrar em contato com César. Afinal, ela sabia que tinha algo a seu favor: seu irmão e Potino haviam caído em desgraça por terem assassinado Pompeu.

DIÁRIO SECRETO DA CLEO

Ai, que frustração! Tenho de ver o César! Meus espiões disseram que ele não suporta Ptolomeu e o gordo amigo dele. Potino acha que pode conquistar o amor do povo insultando César. Ele não entende que, sem a ajuda de César, não tem a menor chance.
Se eu conseguisse chegar até César... Mas como? Não são os romanos que eu temo, mas meu próprio povo. Potino acabaria

comigo num piscar de olhos, como acabou com Pompeu.

MAIS TARDE. Acabo de falar com meu bom amigo Apolodoro. Ele tem um plano para me introduzir no palácio, para que eu possa me encontrar com César. É perigoso. Perigosíssimo. Se falhar, estou frita. Mas se eu não conseguir falar com César, também estou. Então, vou tentar esta noite.

Naquela noite, um barquinho chegou a Alexandria. Dentro dele ia um comprido tapete enrolado, mas o barqueiro não atracou no cais que levava ao bazar, onde mercadores e lojistas discutiam e pechinchavam barulhentamente. Em vez disso, prosseguiu, os remos batendo silenciosos nas águas escuras. Encostou seu barco e o amarrou no cais do palácio. Depois botou no ombro o tapete enrolado...

A rainha Cleo

Cleópatra e sua víbora

Cleo conseguiu entrar no palácio para ver César. Agora precisava falar depressa, antes que Potino ficasse sabendo o que ela fora fazer.

Como sabemos tanto sobre Cleópatra?

1 Testemunhas oculares

Gente que viveu na época, que a conheceu e escreveu sobre ela.

Cícero foi membro do Senado, grande orador e escritor. Um velho doido que não gostou das mudanças ocorridas quando Cleópatra era uma jovem mulher e que não podia suportá-la. Achava que Cleópatra estava afastando César das ideias romanas de governo e atraindo-o para a perigosa ideia egípcia dos reis-deuses.

> *Odeio a rainha. Não posso falar sem desgosto da sua arrogância na época em que ela vivia nos jardins do outro lado do Tibre.*

Havia também outros romanos, como os poetas **Horácio**, **Virgílio** e **Propércio**. Eram muito mais jovens, e é provável que tenham ficado deslumbrados com ela. Mas os escritos que sobreviveram são do tempo em que Cleo havia realmente ameaçado o Senado romano. Ela era A Inimiga, e eles não tinham muita coisa boa a dizer sobre ela.

Júlio César também escreveu seu relato dos acontecimentos, mas não incluiu nele sua vida amorosa, portanto não há nada sobre a Cleo.

2 Historiadores que escreveram depois da morte dela
Plutarco foi um biógrafo e filósofo grego que escreveu uma obra intitulada *Vidas paralelas*, onde conta a vida de gregos e romanos ilustres. Viveu cerca de cem anos após Cleópatra, mas alguns familiares seus conheceram Júlio, Antônio e Cleo, de modo que ele dispunha das cartas e diários dessas pessoas como fonte. Sua versão da Cleo é tão viva, que Shakespeare a usou para sua peça *Antônio e Cleópatra*.

Josefo foi um historiador judeu que escreveu um livro intitulado *História das guerras judaicas*. Outro que não gostava da Cleo, porque ela tapeou Herodes, rei dos judeus, e lhe tomou um baita território.

Não se pode criticar o jovem Ptolomeu por não confiar na irmã mais velha. Primeiro ela tentou fazer que ele não existia e governar sozinha. Agora, bem quando ele achava que ela estava por baixo, ela dava a volta por cima. Veja o que diziam as estelas:

César e Cleópatra

Pois é, quando Cleópatra saiu do tapete, foi o começo de César-e-Cleópatra. Tudo bem, César era careca e velho o bastante para ser, com folga, seu pai (tinha 52 anos), mas ainda era um homem bonitão. As descrições dizem que era alto, de olhos negros. Além disso, era interessante, inteligente, forte, corajoso e — o mais importante de tudo, do ponto de vista da Cleo — era o mais poderoso romano vivo.

Quanto a César, não causa espanto que tenha achado a Cleo tão atraente. Eis o que Plutarco disse dela:

> *Sua beleza propriamente dita não era especial; o impacto do seu espírito é que era irresistível. A atração da sua pessoa, somada ao charme da sua conversa e à inteligência característica de tudo o que ela dizia e fazia, era enfeitiçante. Apenas ouvir o som da sua voz já era uma delícia. Como se sua voz fosse um instrumento de muitas cordas, ela era capaz de passar de uma língua a outra, de modo que em suas entrevistas com os bárbaros raramente necessitava de um intérprete.*

Cleópatra e sua víbora

Além disso tudo, Cleópatra — ao contrário de Potino — sabia como lidar com César. Assim, o velho César cansado de guerra e a jovem e inteligente rainha do Egito sentaram-se para conversar. E conversaram. Conversaram. Depois caíram nos braços um do outro. César e Cleópatra estavam apaixonados.

Guerra civil, como sempre

Quando o irmãozinho Ptolomeu descobriu o que estava acontecendo, ficou louco! Que influência ele poderia ter se César era namorado da Cleo? Ficou com tanta raiva que saiu correndo pelas ruas de Alexandria aos berros. Instigado por Potino, Ptolomeu arrancou a coroa, jogou-a no chão e pulou em cima dela.

Ptolomeu não estava apenas tendo um ataque. Ele esperava, com aquilo, que os alexandrinos ficassem tão furiosos quanto ele e se revoltassem contra César.

César e Cleópatra

Como os alexandrinos não estavam a fim de combater Júlio César, Potino mandou o exército egípcio sitiar Alexandria e o palácio. César, Cleópatra, Ptolomeu e a irmã mais nova da Cleo, Arsínoe, ficaram presos lá dentro. César era mesmo esperto: mantendo Ptô com ele, podia alegar que aquilo era apenas uma pequena rebelião, e não uma guerra civil.

Mas se esqueceu da Arsínoe!

Arsínoe versus Cleópatra

A irmã mais nova da Cleo tinha ficado na moita, esperando sua vez. E sua vez chegou. Ela conseguiu que um eunuco chamado Ganimedes a ajudasse a escapar do palácio e a levasse até o exército egípcio.

Aí estão as notas que ela tomou para o discurso que tencionava fazer às tropas — e ao povo de Alexandria:

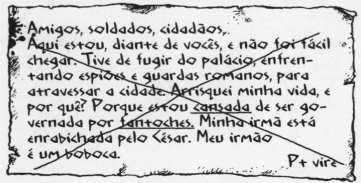

Cleópatra e sua víbora

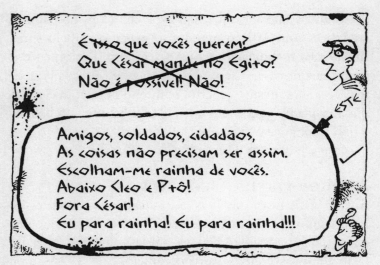

O complô de Arsínoe funcionou — um pouco. Por algum tempo ela se viu liderando o movimento de resistência egípcio. Infelizmente não se entendeu com o general egípcio Aquilas. Então cortou a cabeça dele e promoveu seu tutor, o eunuco Ganimedes, ao cargo de general.

Ganimedes teve a brilhante ideia de forçar César a se render: pôs água salgada no sistema de abastecimento da cidade.

César era um sujeito culto. Além de brilhante general, era explorador e cientista. Ele sabia pesquisar a terra e

César e Cleópatra

determinar o lugar mais provável onde achar água. Mandou seus soldados cavarem, e, claro, eles encontraram uma fonte de água fresca.

A cidade pôde sobreviver até os reforços romanos chegarem. E César sabia que eles estavam a caminho.

Enquanto isso, no palácio...

DIÁRIO SECRETO DA CLEO

Potino está morto. Até que enfim! Oba! Julinho o pegou enviando mensagens para Arsínoe, o que prova que ele estava de conchavo com ela. Mandou executá-lo na mesma hora.

Ptô ficou branco que nem cera quando Julinho lhe contou. Disse que não sabia o que Potino andava tramando, mas com certeza mentiu.

Agora vai ser mais fácil mantê-lo sob controle.

Cleópatra e sua víbora

O socorro veio do mar

Em 47 a.C., uma frota romana chegou para romper o cerco de Alexandria e socorrer César. Os romanos tomaram rapidamente o célebre farol da ilha de Faros, e César saiu do palácio para tentar controlar o Heptastadion, uma longa faixa de terra que levava ao farol. Assim, os romanos controlariam a baía. Infelizmente para César, os egípcios se aproximaram das tropas romanas por trás e as isolaram. Eis o que aconteceu depois, nas próprias palavras de César. Ele escreveu *A Guerra Alexandrina*, contando suas batalhas no Egito, como se estivesse falando de outra pessoa. Nunca usa a palavra *eu*!

> *Quando César viu que estavam perdendo terreno, retirou-se para sua nau. Foi seguido por uma multidão que começou a forçar caminho para subir a bordo, tornando-se impossível governar o navio ou afastá-lo da terra. Antecipando o que ia acontecer, César pulou na água e nadou para os navios mais distantes. Depois mandou botes pegarem seus soldados em dificuldade, salvando assim vários deles. Quanto à sua nau, afundou com o peso de tanta gente, acarretando a perda de todos os que ainda estavam a bordo.*

Imagine só que bela matéria daria nos jornais de Roma! Além de ser dificílimo nadar de armadura, César já tinha 52 anos na época.

César e Cleópatra

O CENTURIÃO
V/III/DCCVII (47 A.C.)
GANHAMOS MAIS UMA!

Uma frota romana chegou hoje a Alexandria e tomou o célebre farol de Faros. A tomada dessa posição estratégica foi anunciada por meio de sinais a César, que ficara o inverno inteiro sitiado no palácio real. César saiu imediatamente do palácio com suas tropas para tomar o Heptastadion. Porém, mal nossos homens ocuparam o Heptastadion, hostes de soldados egípcios atacaram por trás, isolando-os da cidade.

César nada para a vitória

Quando o barco foi a pique, pôde-se avistar uma figura solitária afastando-se a nado, com um maço de papiros na cabeça. Era o próprio César, nadando vigorosamente de elmo e armadura completa! Volta e meia ele mergulhava para escapar das flechas que tentavam atingi-lo.

Chegou à nau capitânia e em questão de minutos mandou todos os botes disponíveis irem resgatar os homens que estavam na água. Ao cair da noite, César havia retomado o Heptastadion e dispersado os egípcios. Mais uma vez, o velho leão demonstrou ser muito mais homem que jovens com metade da sua idade. E ainda salvou seus documentos! *O Centurião* o saúda: ave, César!

César: molhado mas vitorioso

Cleópatra e sua víbora

Ptolomeu versus César

Pouco depois disso, César mandou Ptolomeu dar o fora. É possível que a Cleo o tenha pressionado a fazê-lo. Ptolomeu fingiu estar muito triste por ter de ir embora, porém mal atravessou os portões do palácio, correu para junto das tropas egípcias. Lá mandou Arsínoe dar o fora e destituiu Ganimedes do cargo de general. Não queria saber de irmãs mais velhas nem de eunucos por perto. O chefe agora era ele!

Para azar de Ptô, os reforços romanos estavam a caminho. Um enorme exército chegou da Síria, e as tropas de César se juntaram a ele. Na batalha que se seguiu, os romanos derrotaram os egípcios. Agora era a vez de Ptolomeu tentar escapar de barco. De novo, centenas de soldados em pânico tentaram subir a bordo. Ptolomeu não conseguiu se safar tão rápido quanto César e afundou, com todos os outros que estavam a bordo.

Cleópatra adorou a vitória de César, mas o povão alexandrino não estava tão contente.

César e Cleópatra

Os mandachuvas da cidade o receberam. Semana passada, queriam que a gente botasse o romano pra correr. Agora era só "sim, César", "pois não, César". Até lhe deram de presente as chaves da cidade e lhe agradeceram por ter nos libertado. É o fim da picada!

Aí ela apareceu. A rainha. Em seus trajes reais. Cumprimentou o cara como se ele tivesse salvado a gente. Salvou **a ela**, isso sim! Porque pra ela é uma boa ser súdita romana. Não sei o que vai acontecer. Meu pai disse que é a primeira vez em trezentos anos que conquistam o Egito.

Cleópatra e sua víbora

Cleo pode ter pensado que estava finalmente livre para reinar, mas César tinha outras ideias.

Ptolomeu está morto, viva Ptolomeu!

DIÁRIO SECRETO DA CLEO

Não acredito! O Julinho diz que tenho de me casar com o Ptozinho, que é quase um bebê! Até anunciou isso para o povo egípcio, apesar de eu já ter dito a ele que não <u>preciso</u> de jeito nenhum de outro marido, ainda por cima outro pirralho. Tentei de tudo para que ele mudasse de ideia. Disse-lhe que o meu marido era ele e que não precisava de outro. Julinho cortou logo minha conversa. Lembrou-me que já era casado e que os romanos não admitiriam que ele largasse a mulher. Fiquei uma fera. Bati o pé e disse que nunca mais ia falar de novo com ele, mas o Julinho riu e foi embora, dizendo que conversaria comigo quando eu estivesse mais calma.

Fiquei emburrada uns dois dias seguidos, mas o Julinho não desistiu da ideia de me casar com o Ptozinho. Disse que meu povo contava com isso.

Ptozinho

Respondi que a rainha era eu e que o povo faria o que eu dissesse. Ele rebateu: "Até agora, eles nunca fizeram o que você mandou". O que é verdade, mas era por causa do nojento do Potino.

Cleópatra e sua víbora

Julinho disse que o casamento ia acalmar o povão, que pararia de pegar no pé dele quando visse que ele respeitava nossos costumes.

"Não vai ficar com ciúme?", perguntei.

"Não seja boba", ele respondeu. "Ciúme de um guri de dez anos? Ora, todo mundo sabe que é um falso casamento."

"Mas eu quero **você**", falei.

Ele amoleceu, e acariciou meu rosto. "Eu sei", disse. Depois me explicou que não poderia ficar comigo por muito mais tempo. Não é que ele não me ame, mas tem um império inteiro para governar.

"E nossa biblioteca?", falei. Porque ele adora a biblioteca. Passamos horas juntos ali, contemplando os rolos manuscritos de Homero e Platão* e falando um pouco de tudo. Julinho parecia triste. Disse que ia sentir muita saudade de lá. Disse que ia sentir uma tremenda saudade **de mim**.

Eu não podia suportar a ideia de perdê-lo tão depressa, de modo que tive uma ideia brilhante. Convidei-o a subir o Nilo comigo. Queria lhe mostrar todos os lugares que o DP me mostrara: o Egito verdadeiro.

---

* Homero é o poeta grego que escreveu a *Ilíada* e a *Odisseia*. Platão é o filósofo grego que escreveu *A república*.

César e Cleópatra

No começo, ele disse não ter tempo, mas pude ver que tinha gostado da ideia, especialmente quando eu lhe disse que iríamos no barco real e que ele estava precisando descansar, depois de todas aquelas campanhas. Até prometi que me casaria com o Ptozinho, se ele prometesse fazer a viagem comigo.

"Você vai se casar com o Ptozinho, quer eu vá, quer não", ele retrucou. Mas não disse que não ia.

Na verdade, eu sei que ele vai. O Julinho adora um pouco de lazer. E não quer me deixar, diga o que disser.

Cleo se casou afinal com o Ptozinho, que se tornou Ptolomeu XIV do Egito. E César e Cleo fizeram seu cruzeiro pelo Nilo, deixando Arsínoe trancada no palácio.

A espetacular nave real

César e Cleópatra

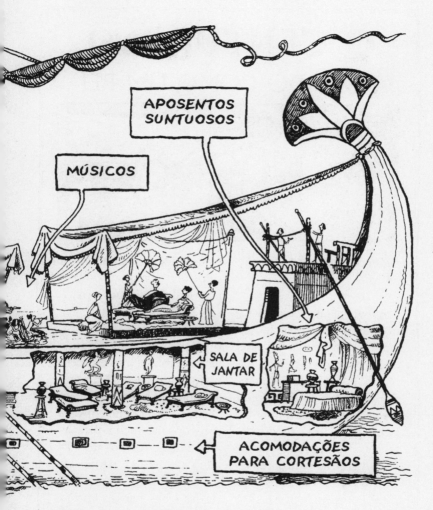

O cruzeiro pelo Nilo era tanto uma conferência de cúpula como umas boas férias. E o Nilo era a principal via de comunicação do Egito. Assim, a viagem também era um modo de mostrar ao povo egípcio que a rainha-deusa do Egito e o homem forte do Império Romano eram aliados.

Cleópatra e sua víbora

O CENTURIÃO
TRATADO COMO UM REI

Do nosso enviado especial ao Nilo

Se César era impopular quando andou pelas ruas de Alexandria em triunfo há dois anos, os ressentimentos parecem superados hoje, quando singra o Nilo ao lado da jovem e animada rainha do Egito. César está sendo tratado como um rei!

É uma visão curiosa. A nave real é como um pequeno centro de conferências, com remadores, cozinheiros, músicos, secretários, seguranças e cortesãos, atarefados noite e dia. Deve haver mais umas quatrocentas embarcações, com soldados romanos e egípcios, acompanhando a nave real. Isso é que é cruzeiro pelo Nilo!

O Egito debaixo d'água
O poderoso Nilo está em período de cheia. Há água até onde a vista alcança, enchendo todo o vale entre os rochedos avermelhados e as montanhas. Aldeias inteiras estão submersas, e o topo das palmeiras surge na superfície das águas mansas. Ao passarmos, as pessoas se apinham ao longo das margens para observar a majestosa procissão e reverenciar sua rainha-deusa. Quando che-

gamos a cidades maiores, Sua Majestade manda os remadores conduzirem a nau para junto da margem, a fim de que o povo possa vê-la melhor.

Nesta época do ano, quando as águas estão altas, os cruzeiros pelo Nilo são raros (é que César tem de voltar logo para Roma). Mas a cheia tem suas compensações. A noite passada, quando chegamos a File, as águas estavam tão altas que pudemos ir de barco até o grande templo de Ísis e remar entre os antigos pilares.

Cleópatra parecia mesmo uma rainha-deusa, quando se postou na proa da sua real embarcação, à luz trêmula das tochas, vestindo os trajes de Ísis e tendo a seu lado o altivo general romano, César.

Soldados romanos
É uma visão espetacular, mas nem todos os participantes do cruzeiro estão contentes. César parece ter esquecido que seus homens têm mulheres e filhos. Estão longe de seus lares faz tempo. Querem voltar para casa.

E não querem que seu general pegue muitas manias egípcias. César tem de se lembrar de que seu lugar é em Roma. Ele é um grande soldado e um cidadão romano. E não mais que isso: um cidadão. Não pode deixar que a feiticeira do Egito encha sua cabeça com sonhos de ser rei.

O jornalista tinha razão. Os homens de César estavam mesmo cheios. Embora César tivesse gostado muito de subir com Cleópatra até a fronteira etíope, resolveu encurtar a viagem.

Cleópatra e sua víbora

Então disse adeus a Cleo e zarpou para Roma. Levou Arsínoe consigo. Ia tomá-la como exemplo do que acontece com as princesas que ousam combater os chefes romanos. Ela desfilaria em seu triunfo. E não seria mais uma pedra no caminho da Cleo. No entanto, César sabia que, mesmo com Arsínoe longe dali, Cleo podia ter de enfrentar uma rebelião, de modo que deixou três legiões romanas para tomar conta dela — e para se assegurar de que o Egito permaneceria fiel a Roma.

ROMA

QUERIDA CLEO,

FIQUEI TÃO FELIZ COM A NOTÍCIA QUE VOCÊ ME MANDOU. SER PAI DE NOVO* AOS 53 ANOS!!!
    NÃO PODIA IMAGINAR, QUANDO PARTI PARA ALEXANDRIA, QUE IA AO ENCONTRO DE TANTAS AVENTURAS! PENSO SEMPRE EM QUANDO ESTAVA COM VOCÊ NA BIBLIOTECA, NO MEIO DE TODOS AQUELES ROLOS MARAVILHOSOS QUE VOCÊ POSSUI, VINDOS DOS QUATRO CANTOS DO MUNDO. E, CLARO, PENSO NAS FESTAS E NA MÚSICA, NO OURO E NAS PÉROLAS — TANTAS PÉROLAS —, EM

* César já tinha uma filha, Júlia. Ela foi casada com Pompeu até falecer, em 54 a.C.

Cleópatra e sua víbora

QUANDO VI VOCÊ PELA PRIMEIRA VEZ NOS TRAJES DA DEUSA ÍSIS. QUE VISÃO, VOCÊ NAQUELE MANTO NEGRO E NAQUELE FANTÁSTICO VESTIDO COM AS CORES DO ARCO-ÍRIS, A LUA E AS SERPENTES EM SEUS DESLUMBRANTES CABELOS NEGROS...

AGORA QUE ESTOU DE VOLTA A ROMA, TUDO PARECE SOMBRIO E SEM GRAÇA. HÁ MUITA COISA A FAZER. O PROBLEMA É QUE, QUANDO SE TEM UM SENADO, PERDE-SE UM TEMPÃO DISCUTINDO COMO AS COISAS DEVEM SER FEITAS. ACHO QUE PODÍAMOS APRENDER UMA COISA OU OUTRA COM VOCÊS, EGÍPCIOS. SOB MUITOS ASPECTOS A VIDA SERIA BEM MAIS FÁCIL, SE NÃO FÔSSEMOS UMA REPÚBLICA E SE MEU POVO ME VISSE COMO UM DEUS, COMO O SEU POVO — OU PARTE DELE! — VÊ VOCÊ.

POR FALAR EM APRENDER COM O EGITO, ESTOU CONSTRUINDO UMA NOVA BIBLIOTECA AQUI E REUNINDO ROLOS DA GRÉCIA E DE ROMA. TOME CUIDADO, SENÃO EM BREVE A SUA NÃO VAI SER MAIS A MAIOR COLEÇÃO DO MUNDO!

TAMBÉM DEI ORDENS PARA DRENAR OS PÂNTANOS À BEIRA DO TIBRE, USANDO O MESMO SISTEMA DE CANAIS QUE VOCÊ TEM AÍ NO NILO. QUANDO A OBRA ESTIVER PRONTA, TEREMOS TERRA FÉRTIL PERTINHO DA CIDADE.

VOCÊ ME PERGUNTA PELA ARSÍNOE. CLARO QUE NEM A TENHO VISTO. ELA É PRISIONEIRA AQUI, ALIÁS, UMA QUE EU FICARIA FELIZ EM VER EXECUTADA E FORA DO MEU CAMINHO DE UMA VEZ POR TODAS.

Cleo e Roma

EU SOU UM HOMEM CASADO, NÃO SE ESQUEÇA. A ÚNICA EGÍPCIA QUE ME INTERESSA É VOCÊ.

CUIDE-SE, QUERIDA. QUE COISA FANTÁSTICA PENSAR QUE EM BREVE HAVERÁ UMA CRIANÇA UNINDO ROMA E O EGITO.

COM TODO O MEU AMOR,

JULINHO

Triunfos
Os generais romanos sempre realizavam grandes paradas quando voltavam vitoriosos das suas campanhas. Era um carnaval, com os soldados marchando pelas ruas, os prisioneiros desfilando acorrentados e carros alegóricos representando as coisas que haviam acontecido durante a campanha. Quando César voltou do Egito, apresentou quatro triunfos, porque derrotara quatro grupos de inimigos.

Cleópatra e sua víbora

O CENTURIÃO
VIII/V/DCCVII (47 A.C.)
O TRIUNFO DE CÉSAR

César é saudado pelo povo

Júlio César marchou mais uma vez em triunfo hoje pelas ruas de Roma. É a quarta vez, desde que voltou no mês passado. Este triunfo era para celebrar sua vitória sobre os egípcios.

Foi outro espetáculo magnífico. Primeiro vieram os senadores e os principais generais, depois o próprio César, de túnica púrpura e coroa de louros, conduzindo um carro. Atrás dele, uma longa série de carroças e carros alegóricos — e uma réplica do gigantesco farol de Faros, com uma fogueira de verdade no topo.

Os passos dos soldados e o som das suas vozes podiam ser ouvidos muito antes de eles aparecerem. Centenas de homens marcharam pela cidade em fileiras de dez. Algumas mães na multidão tapavam os ouvidos dos filhos pequenos para que eles não ouvissem as letras grosseiras das músicas que os homens cantavam sobre César e a rainha egípcia.

Princesa acorrentada

Vieram por fim os prisioneiros egípcios acorrentados. Não pareciam tão arrogantes aqui quanto eram no Egito. Quando passavam, a multidão gritava: "Mata, mata". Bem no meio, vinha a princesa Arsínoe. Trazia pesadas correntes nos tornozelos e nos pulsos, mas mantinha a cabeça erguida.

A multidão ficou em silêncio quando ela passou. Algumas pessoas não acharam certo fazê-la desfilar com os outros prisioneiros. "Ela pode ser egípcia e rebelde, mas é uma princesa", disse a dona de casa Septimia Magna.

Um homem que não quis se identificar disse: "O César está nas mãos da Cleópatra. Faz tudo o que ela manda. E ela odeia a Arsínoe".

Arsínoe marcha de cabeça erguida

Muitos prisioneiros egípcios foram mortos naquele dia — mas Arsínoe não. César talvez tenha percebido que sua popularidade ficaria comprometida se ele mandasse matá-la. Ou talvez, talvez apenas, ele quisesse ter outra egípcia na manga, caso Cleópatra pusesse as dela de fora e não cooperasse com Roma.

ROMA

QUERIDA CLEÓPATRA,

PEÇO DESCULPAS QUANTO A ARSÍNOE. EU SABIA QUE VOCÊ FICARIA BRAVA SE EU A DEIXASSE VIVA. SÓ POSSO DIZER QUE EU TERIA FICADO MUITO MAL AQUI EM ROMA SE TIVESSE MANDADO MATÁ-LA. APESAR DE TUDO O QUE ELA FEZ, ELA TEM MUITA DIGNIDADE, DE MODO QUE TIVE DE MANDÁ-LA PARA O TEMPLO DE ÉFESO. FAREI O NECESSÁRIO PARA QUE ELA NÃO INCOMODE VOCÊ — A NÃO SER, CLARO, QUE VOCÊ APRONTE ALGUMA COMIGO!

TAMBÉM É VERDADE QUE TENHO UMA NOVA NAMORADA, MAS, COM VOCÊ TÃO LONGE, O QUE É QUE EU IA FAZER? MAS ISSO NÃO QUER DIZER QUE A ESQUECI, NEM POR SOMBRA.

FICO FELIZ EM SABER QUE VOCÊ ESTÁ BEM DE SAÚDE. EM BREVE VOLTO A LHE ESCREVER.

AMOR,

JULINHO

P.S. - PODERIA ME MANDAR UM PAR DE ASTRÓLOGOS? QUERO ORGANIZAR UM NOVO CALENDÁRIO, E O SEU PESSOAL É DE PRIMEIRA.

Calendários romanos

Em 46 a.C., Júlio César de fato criou um novo calendário, que foi chamado calendário juliano, em sua homenagem. Seu calendário, como o nosso, baseava-se no tempo que a Terra leva para dar a volta em torno do Sol — o ano solar. Este é de 364 dias e 1/4, e 11 minutos. Julinho — ou os astrólogos que a Cleo mandou para ajudá-lo — arredondou sua duração para 364 dias e 1/4 (ignorando os 11 minutos) e introduziu a ideia de um ano bissexto a cada quatro anos para compensar os quatro quartos. Esse arredondamento era mais ou menos como um relógio que andasse um pouquinho depressa. Quatrocentos e sete anos bissextos depois — em 1582 d.C. —, seria necessário tirar dez dias do calendário para ele ficar novamente certo com o Sol.

Os nomes dos nossos meses também datam dos tempos romanos. Julinho criou meses de 30 dias alternando com meses de 31, salvo fevereiro, que tinha 28 dias (29 nos anos bissextos). Nem é preciso dizer que o seu mês, julho, tinha 31 dias.

Cleópatra e sua víbora

ROMA

QUERIDA CLEÓPATRA,

QUE BOA NOTÍCIA, A DE QUE VOCÊ TEVE UM MENINO SAUDÁVEL! ESTOU EMOCIONADO. SIM, ACHO QUE PTOLOMEU CÉSAR SERIA UM ÓTIMO NOME PARA ELE. QUE BOA NOTÍCIA PARA O POVO ROMANO SABER QUE UM DIA HAVERÁ UM "JOVEM CÉSAR" NO TRONO DO EGITO.

TOMARA QUE EU POSSA CONHECÊ-LO. INFELIZMENTE, TENHO MUITA COISA A TOCAR AQUI. NO ENTANTO, ESPERO DAR UM PULO ATÉ O EGITO UM DIA DESSES PARA VER VOCÊS DOIS.

SEU BOM AMIGO,

JULINHO

P.S. - VOCÊ DIZ QUE EU A ESQUECI. DE JEITO NENHUM! MANDEI FAZER UMA ESTÁTUA SUA EM TAMANHO NATURAL, TODA DE OURO, COM OS TRAJES DE ÍSIS. VOU PÔ-LA AO LADO DA DEUSA VÊNUS NO NOVO FÓRUM, QUE TERÁ MEU NOME.

Cleo e Roma

Um novo Ptô no pedaço

O pequeno Ptolomeu César era conhecido como Cesário. Talvez a Cleo é que tenha lhe dado o apelido, para que os romanos nunca esquecessem que ele era filho de Júlio César. Porque, se César pensava num Cesário romano reinando sobre o Egito, Cleo com certeza pensava num Ptolomeu egípcio governando o Império Romano.

Toda moeda conta uma história

Para continuar nas graças dos seus súditos egípcios, Cleo cunhou novas moedas. Uma delas representava a deusa Ísis amamentando o bebê-deus Hórus. Ísis — quem diria — era a cara da rainha Cleópatra, então com 23 anos.

Cleópatra e sua víbora

Para os egípcios — os egípcios de verdade, não o povo de Alexandria — isso a fez ainda mais rainha-deusa. Também fez do bebê Cesário um rei-deus.

Mas deve ter deixado Ptolomeu XIV, o irmãozinho-marido da Cleo, com o pé atrás...

Cleo e Roma

Cleo chegou a Roma naquele mesmo ano, com seu irmãozinho-marido, seu bebê, um bando de cortesãos e toda uma carga de joias, vestidos, obras de arte e manuscritos para dar de presente. César, como toda Roma, ficou pasmo. E sua mulher, Calpúrnia, não gostou nada, nada.

Mas César era o homem mais poderoso do mundo. Fazia o que queria. E Cleópatra era uma rainha em visita. Ele lhe deu uma enorme mansão em sua propriedade à beira do rio Tibre para ela se instalar com sua corte. Ia sempre visitá-la, no que era imitado por todas as pessoas importantes de Roma. Até Cícero, o senador que a achava arrogante demais da conta, foi vê-la.

A verdade é que todo mundo queria conhecer a exótica rainha-deusa do Egito, que comia em pratos de ouro, era capaz de discutir com os maiores intelectuais, falava nove línguas e dava de presente rolos de papiro raríssimos e joias para as pessoas com quem simpatizava. Cleópatra fez o maior sucesso em Roma.

Cleópatra e sua víbora

DIÁRIO SECRETO DA CLEO

Hoje o Julinho me levou para visitar o novo fórum que construiu. Tem o nome dele — Forum Julium — porque é um memorial da sua família. Deve ter custado uma nota preta. Lá tem uma estátua da deusa Vênus, que ele disse ser a mãe deles todos. Muito mais interessante é que, perto dela, tem uma linda estátua de ouro — a minha!!!

Eu não disse nada em público, claro. Apenas inclinei graciosamente a cabeça e fiz uma reverência à deusa Vênus. Mas quando nos vimos a sós, quis saber mais: por que é que ele tinha me posto no memorial da sua família?

Julinho sorriu e disse que eu sabia muito bem por quê. Claro que sabia, mas queria que ele dissesse. Continuei perguntando, até que ele finalmente respondeu que eu estava ali porque era a mãe do seu filho!

Meu coração deu um salto quando ele disse isso. Será que está pensando em fazer do nosso filho seu herdeiro?

Eu não queria parecer muito insistente, por isso perguntei apenas por que não havia uma estátua de Cesário também, nem, aliás, uma do próprio Julinho.

> Ele disse para eu deixar de ser boba. Disse que pôr uma estátua dele em seu próprio fórum seria uma coisa que o Senado romano não engoliria. Iam achar que ele estava dizendo que era um deus.
> Eu lhe disse que, para mim, ele era um deus mesmo. Ele gostou. Acho que ainda me ama. A política é que o obriga a manter certa distância de mim, aqui em Roma. Fico tão feliz por não ter um Senado com que me preocupar! Ele também queria não ter Senado nenhum. Foi o que me disse. Quem sabe um dia ele não descobre um jeito de se declarar rei?

Cleópatra não era a única a saber que Júlio César estava por aqui com a República. Muitos dos seus colegas senadores também o sabiam. Alguns gostavam da ideia. Concordavam que Roma precisava de um governo forte para manter em ordem o vasto império.

Outros abominavam essa ideia. Achavam que J. César tinha se tornado arrogante demais e culpavam Cleópatra por pervertê-lo. Odiavam o fato de ele ter trazido tantas ideias egípcias para Roma.

O triste fim de César

Na primavera de 44 a.C., JC estava a ponto de ir mais uma vez para a guerra. Ia combater o rei dos partos. Se conquistasse a Pártia, dominaria um pedaço tão grande do mundo quanto o que Alexandre Magno dominara. Sabendo que ele estaria longe por muito tempo, Cleópatra resolveu voltar para casa.

Cleópatra e sua víbora

Mas JC não conquistou a Pártia. Dois dias antes da partida, foi mortalmente apunhalado por alguns senadores quando ia para o Senado. Júlio César estava morto.

DIÁRIO SECRETO DA CLEO

Ele se foi. Meu protetor. Meu amigo.
Achei que ele podia morrer na Pártia, em combate, mas não desse jeito — assassinado por sua gente! Como puderam fazer uma coisa dessas? Nunca mais terão um líder como ele, tão corajoso, tão forte, tão brilhante.
Não sou a viúva, mas já sinto falta dele. Sinto uma falta enorme.
Que vai ser do nosso filho? O que vai acontecer com ele agora? Era para eu voltar para casa, mas acho que devo ficar mais um pouco. Semana que vem seu testamento será lido. Talvez, talvez apenas, Julinho o tenha nomeado seu herdeiro.

Cleópatra ficou em Roma, embora soubesse que tinha certas providências a tomar lá no Egito. Chegou o dia fatídico.

> **DIÁRIO SECRETO DA CLEO**
>
> O testamento foi lido hoje. Ainda não consigo acreditar. Nenhuma alusão ao Cesário! Julinho não deixou absolutamente nada para ele. Já seu sobrinho-neto, Otávio, vai ficar com a maior parte das suas terras e do seu dinheiro.
>
> Por quê? Não podia temer o que o povo ia pensar. Ele já deixara claro que Cesário era seu filho. Por que mais poria uma estátua minha no Forum Julium?
>
> Quanto ao Otávio, é um moloide. Dezoito anos, todo nervosinho. Não acho que eu consiga conquistá-lo um dia.
>
> Não há mais nada em Roma para mim. Preciso voltar ao Egito. Descuidei do Egito por muito tempo.

Cleópatra tinha razão. Sua esperança de ser rainha-mãe em Roma fora por água abaixo. Além disso, seu protetor havia morrido, e Otávio não parecia lhe dar muita bola. Tinha razão em voltar para casa. A grande pergunta era a seguinte: ela seria capaz de manter seu trono sem Júlio César?

EM CASA, SOZINHA

LEMBRETE

Subir preço da tâmara, do figo, da azeitona, do trigo.

EMERGÊNCIA FOME – decidir quem vai receber cereais.

REVER MEDIDA PROVISÓRIA SOBRE OS TRIBUTOS EXTRAS – por que os trabalhadores da cidade têm de pagar um imposto extra?

CABELEIREIRO   Construir túmulo*

PTOLOMEU??? – tomar uma decisão?

Encomendar novas esculturas para o templo de Denderah

Tratar das novas moedas

Escrever livros.

Reforçar as fronteiras – COMO???

Arranjar um preceptor para Cesário

---

* Era um costume dos reis egípcios começar a construção do seu túmulo quando ainda eram jovens e saudáveis.

Em casa, sozinha

Quando Cleópatra voltou para o Egito, mostrou ser uma dessas mães que trabalham duro.

Enquanto esteve fora, por dois anos, o Nilo não subiu o suficiente para alimentar o povo. Isso significou dois anos de fome. Os governadores das províncias fizeram o que puderam, mas não podiam fazer as colheitas surgirem do ar num passe de mágica.

Não dava para alimentar todo mundo, de modo que a Cleo tinha de decidir a quantidade de cereais que o campo devia mandar para a cidade — e quem iria recebê-los. Ela sabia que os agricultores precisavam ter o suficiente para sobreviver, porque sem eles o país inteiro morreria de fome. Tomou algumas decisões duras e ficou impopular para aqueles que ela pôs no fim da lista.

Depois da fome, as doenças. As pessoas estavam debilitadas pela falta de comida. Morriam como moscas.

Quatro fora, resta um

Mais alguém morreu naqueles dias. Ninguém sabe como nem por quê, mas correu o boato de que ele tinha sido envenenado.

O jovem Ptolomeu, que chegava aos catorze anos e começava a reclamar por seus direitos, ficou doente e morreu assim que voltou ao Egito. Agora, dos cinco irmãos e irmãs da Cleo, só Arsínoe estava viva.

Para a Cleo, a morte do Ptozinho veio bem a calhar, porque:

1 Ela podia tornar o filho, Cesário, seu consorte. Esperava que assim Roma, sabendo que havia um pequeno romano no trono, deixaria o Egito em paz.

2 Cesário só tinha três anos, de modo que por um bom tempo ela não precisaria consultá-lo sobre nada.

Cleópatra e Filho, Cia. Ltda.

Para celebrar o fato de que quem mandava no Egito agora era Cleópatra e Filho, Cleo mandou gravar imagens gigantescas nas pedras do templo de Denderah: uma dela própria, como a deusa Ísis; a outra, de Cesário já crescido.

Era uma mensagem ao povo do Alto Egito de que sua rainha e seu rei eram mãe e filho — tal como devia ser.

Em casa, sozinha

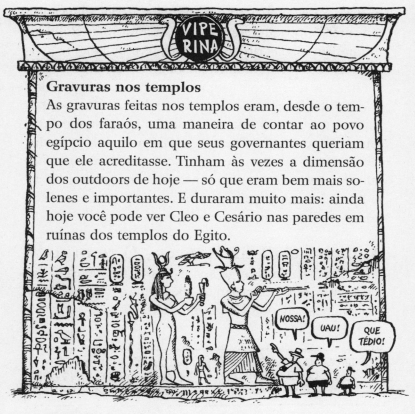

Gravuras nos templos
As gravuras feitas nos templos eram, desde o tempo dos faraós, uma maneira de contar ao povo egípcio aquilo em que seus governantes queriam que ele acreditasse. Tinham às vezes a dimensão dos outdoors de hoje — só que eram bem mais solenes e importantes. E duraram muito mais: ainda hoje você pode ver Cleo e Cesário nas paredes em ruínas dos templos do Egito.

Cleópatra trabalhava duro para governar seu país. Era uma boa mulher de negócios. Ainda estava pagando a Roma as dívidas do pai, mas, pela primeira vez em muitas gerações, entrava dinheiro nos cofres do Egito.

Se existisse internet naquele tempo, Cleo teria ficado diariamente de olho nas cotações da bolsa. Ela se interessava muito pelo preço que os agricultores podiam obter pela safra. Fez acordos comerciais com os reinos vizinhos e estabeleceu uma rota comercial segura entre o mar Vermelho e o Mediterrâneo. Ampliou a extração de

Cleópatra e sua víbora

pórfiro, a bela pedra rosa e vermelha de lava vulcânica que, uma vez polida, era usada na decoração de edifícios.

Também ouvia seus conselheiros. Promulgou algumas boas leis e zelou para que fossem aplicadas com justiça.

Graças a tudo isso, Cleópatra se tornou mais popular. A gente do campo — os verdadeiros egípcios — sempre simpatizou com ela, desde o dia em que Cleo levou o touro para o templo. Pouco a pouco, à medida que ajustava a economia, os alexandrinos começaram a achar que afinal ela não era tão ruim assim. Cleópatra era charmosa de morrer e tinha a cabeça muito bem assentada no lugar. Eles começaram a gostar da sua rainha.

A guerra civil em Roma — O retorno

Júlio César havia sido assassinado por uns conspiradores, logo não era de espantar que a guerra civil estourasse novamente depois da sua morte.

Em casa, sozinha

Cleópatra conheceu Marco Antônio quando era uma adolescente. Ele fora ao Egito com Gabínio, para pôr o pai dela de volta no trono. Cleo encontrou com ele um montão de vezes, quando morou em Roma. Marco Antônio era alto, bonitão, mas Cleópatra nunca havia ligado muito para ele, talvez porque ele não se interessasse pelas coisas que interessavam a ela: livros, estudos, ciências. Ele gostava mesmo era de encher a cara e colecionar namoradas. Ou talvez porque, na época, ele não fosse suficientemente poderoso para que ela lhe desse bola.

Mas isso ia mudar. Apenas um ano depois do assassinato de César, Cleo recebeu uma carta:

> A SUA MAJESTADE,
> RAINHA CLEÓPATRA DO EGITO,
>
> COMO VOSSA MAJESTADE SABE, CÁSSIO, ASSASSINO DE JÚLIO CÉSAR, CONQUISTOU A MAIOR PARTE DA ÁSIA MENOR. ESTAMOS A PONTO DE ACABAR COM ELE DE UMA VEZ POR TODAS. POR FAVOR, MANDE O MAIOR NÚMERO POSSÍVEL DE VASOS DE GUERRA, PARA NOS AJUDAR A PÔ-LO FORA DE COMBATE.
>
> SEUS,
>
> OTAVIANO* E ANTÔNIO

* Otávio passou a se chamar Otaviano ao se tornar triúnviro.

Cleópatra e sua víbora

> ## DIÁRIO SECRETO DA CLEO
> Que atrevimento! Quem eles pensam que são, para requisitar vasos de guerra egípcios? Será que não sabem que estou às voltas com a fome e a peste aqui? Como podem imaginar que vamos mandar uma armada numa situação destas? A briga é de Roma, não é nossa.
> E se Cássio vencer? Estaremos fritos se tivermos apoiado o outro lado.
> Não vou mandar vasos de guerra de jeito nenhum. Querem nossas naus? Vão ficar querendo! Mas é melhor eu não dizer isso, vai que eles ganham...
> Vou responder o quê, então?
> Melhor é ficar em cima do muro.
> Não responder nada...

Cleo não pôde ficar fora da guerra por muito tempo. Logo recebeu uma mensagem do espião que ela mantinha no Éfeso vigiando sua irmã.

Em casa, sozinha

Cara Majestade,
Acho que a senhora precisava saber com urgência que Arsinoe se declarou de novo rainha do Egito. Parece que está em contato com Cássio, e dizem que ele vai apoiá-la em sua reivindicação do trono em troca do apoio dela.
Desculpe por lhe dar más notícias. Por favor, não mande me executar.

        Seu fiel e leal servidor,

                MARDIAN

DIÁRIO SECRETO DA CLEO

Está decidido! Se o Cássio está apoiando a Arsinoe, então estou contra ele. Mandei uma frota zarpar imediatamente para combater ao lado de Antônio e Otaviano. Eu mesma irei na nau capitânia à frente da frota. Não quero que esses romanos passem a mão nos meus navios. Não confio nem um pouco neles. Se eu bobear, eles vão usar meus navios contra mim para pôr a nojenta da minha irmã no trono.

Sei que não devia deixar Arsinoe viva. Eu tinha dito pro Julinho que enquanto ela

Cleópatra e sua víbora

Cleópatra não era o tipo de rainha que fica em casa e despacha um almirante. Ela mesma assumiu o comando da sua frota para lutar contra Cássio. Não foi sua melhor performance.

Em casa, sozinha

RELATO de UM MARINHEIRO EGÍPCIO

Que noite aquela! Nunca tinha visto uma borrasca assim. Eu estava a bordo do Cesário com a rainha e pensei que nenhum de nós veria de novo a luz do dia.

Zarpamos de Alexandria aproveitando a maré da tarde. Começava a ventar, mas a gente sempre leva o vento em conta. A rainha subiu a bordo pouco antes de largarmos. Que impressão ela causava! Vestia seus trajes reais, mas com uma couraça de homem. Cumprimentou todos nós ao subir a bordo. Estávamos todos ali, à sua espera, uma guarda de honra, por assim dizer. Ela é muito especial, posso lhes garantir. Parece que tem uma luz saindo dela, e tem mesmo. Quando aqueles olhos negros olham pra você, parece que você fica com um pouco da realeza dela. Não que ela seja propriamente bonita, mas é que você não consegue desgrudar os olhos dela.

Ela desceu para a coberta, ela e seus criados. Mas quando deixamos o porto, ela estava no convés principal, bem na proa do navio. Como se fosse nossa figura de proa, uma coisa assim. Ficou ali um tempão, o borrifo do mar molhando seu rosto.

O vento soprava de popa

Cleópatra e sua víbora

nesse momento. As velas estavam enfunadas. Ela brincava com alguns dos homens — falava nossa língua como uma nativa, pode-se dizer. Nem dava para ver que era grega. Ela dizia que na manhã seguinte estaríamos do outro lado do mar atacando o diabo do Cássio, que estava ameaçando a segurança do Egito. Eu não tinha tanta certeza. Tinha um mau pressentimento, sentia o vento se levantar depressa demais, rajadas fortes, e o barco jogava muito. Lembro que respondia a ela em pensamento: "Se a gente não afundar, dona". Claro que isso não é coisa que se diga pra ela. Em todo caso, eu é que não ia dizer.

A próxima coisa que vi foi ela debruçada na amurada botando as tripas pra fora. Ela e suas damas de honra. Não tinham a menor realeza, podem crer.

Não devia fazer duas horas que zarpáramos de Alexandria, quando o pé de vento se levantou. Nem deu tempo de recolher as velas, que se rasgaram de cima a baixo. As ondas batiam no casco do barco, que adernava num ângulo de quase oitenta graus. Meu amigo caiu e quebrou o braço. Dois outros marujos foram var-

Em casa, sozinha

ridos do convés e caíram no mar. A rainha já estava lá embaixo. Passou por mim ao descer para a coberta. Estava verdinha, cambaleando com o balanço da nau.

    Atrás de nós, as outras naus tentavam se safar. Nossa formação se desfez, a frota ficou espalhada por ali tudo. Não dava pra ver quem era quem na chuvarada e na escuridão, mas vi um dos vasos menores se partir em dois. Homens ao mar, mas não podíamos parar para recolhê-los, não tinha jeito. O vento nos soprava de volta para a costa, e os remadores não tinham como reduzir a velocidade da nau. Eu conseguia enxergar a luz no topo do farol de Faros, mas fazer o quê? No fim, por um milagre, vai ver que graças à sorte da rainha, entramos de volta no porto. Algumas das outras naus foram bater nas praias ao longo da costa. Outras não voltaram.

    "Parabéns por nos trazer de volta sãos e salvos", a rainha cumprimentou o comandante ao desembarcar. Ela estava transparente, de tão pálida. Dava para perceber que tinha achado que não ia sobreviver àquela noite. Nem nenhum de nós.

Cleópatra e sua víbora

No fim das contas, Marco Antônio e Otaviano liquidaram Cássio sem a ajuda da Cleópatra. MA e Otaviano não gostavam nem um pouco um do outro, de modo que decidiram ficar cada qual do seu lado. Otaviano governaria a metade ocidental do império, e Antônio a parte oriental.

Quando Cleópatra soube disso, sentiu-se aliviada. Isso significava que ela teria de tratar com Antônio. Ela achava que Antônio a trataria de maneira mais amistosa do que Otaviano, que não gostava nada de ela ser a mãe do único filho homem do seu tio. Mas Antônio não estava sendo nada amistoso com a Cleo. Estava fulo da vida por ela não ter mandado uma frota para ajudá-lo no momento em que necessitou. (Não sabia que a frota tinha soçobrado na borrasca.) E resolveu que estava na hora de mostrar à rainha quem mandava no pedaço.

ANTÔNIO E CLEÓPATRA

A nau em que ela ia, como um trono lustroso,
Brilhava ardente no mar. De ouro batido era a popa,
De púrpura suas velas, e tão perfumadas eram elas
Que o vento se apaixonou; os remos de prata da nau
As flautas cadenciavam, e as águas por eles batidas
Seguiam em frente mais rápidas,
Amorosas das remadas. Quanto à sua pessoa,
Excede qualquer descrição. Jazia
Em seu pavilhão, de rico tecido de ouro...

É assim que Shakespeare descreve a chegada de Cleópatra a Tarso, na sua peça *Antônio e Cleópatra*. Tirou is-

Cleópatra e sua víbora

so tudo de Plutarco, que por sua vez se baseou em relatos de testemunhas oculares: a nau com seu escudo de ouro, as velas de púrpura e a própria Cleópatra, reclinada nas almofadas sob um toldo de tecido dourado.

Cleo deixou Antônio esperando meses a fio. (Vai ver que estava acertando os detalhes com seus figurinistas e cenógrafos...) Claro que ela não iria correndo para Tarso assim que ele chamasse. Quando chegou, dava para sentir seu cheiro muito antes de ela aparecer, porque pétalas de rosa cobriam sua nau, indo até a altura dos joelhos dos que estavam a bordo.

Todos correram para as margens do rio a fim de ver aquele espetáculo — todos, menos o coitado do Antônio, que ficou sozinho na praça do mercado, esperando que Cleo viesse se ajoelhar diante dele.

Antônio e Cleópatra

Acabou entendendo que as coisas não iam se passar assim. E que ia ter de ir ao encontro dela.

Quando chegou à beira do rio, ficou tão maravilhado quanto os outros. Em vez de marinheiros, quem manejava as velas eram suas aias, vestidas como deusas e sereias, enquanto uns garotinhos fantasiados de cupido rodeavam Cleópatra. Cleo estava um arraso!

O ponto alto de tudo isso foi o encontro de Antônio e Cleo na cidade de Tarso, à margem do rio Cidno. Durante séculos, Tarso foi conhecida como o lugar onde a deusa do amor, Afrodite, se encontrou com o deus Dioniso. Cleo estava vestida de Afrodite (não vou descrever: imagine você mesmo!). Ainda não havia candidatos ao papel de Dioniso. Antônio logo se imaginou encarnando o deus. (Também adorava tomar umas e outras.)

Cleópatra e sua víbora

Veja como Plutarco conta o que aconteceu depois:

> *Antônio convidou Cleópatra para jantar, mas ela julgou mais adequado ele vir a ela; então, por cortesia, ele aceitou o convite e foi. Achou os preparativos para recebê-lo de uma magnificência indescritível. Porém, o que mais o espantou foi o número infinito de lanternas e tochas, arranjadas com tal arte que seu brilho prendia a vista e cortava o fôlego. No dia seguinte, Antônio é que a convidou, pretendendo superá-la em magnificência e elegância, mas foi irremediavelmente batido numa coisa e na outra, de modo que, com o bom humor costumeiro, foi o primeiro a zombar da sua pobre diversão. Cleópatra viu então que ele tinha um espírito soldadesco, franco e grosseiro, e começou a lhe pagar na mesma moeda, caçoando dele sem trégua nem medo.*

Em outras palavras, o grandalhão, ousado, corajoso e generoso Antônio foi enfeitiçado por Cleópatra.

Os romanos ficaram furiosos. Diziam que aquilo provava que a Cleo era uma perdida. Mas Cleópatra não tinha uma vida amorosa tão agitada assim. Teve só dois namorados a vida toda. Só que ambos eram RSs (Romanos Superpoderosos), e ela não se casou com nenhum deles.

Cleópatra precisava dos RSs porque tinha de manter Roma quietinha, de modo que o Egito pudesse continuar sendo um país livre. Se Antônio ainda fosse um general sob o comando de Gabínio, Cleo provavelmente nem teria olhado para ele.

Mas no pé em que as coisas estavam, Tôni e Cleo foram em frente e tiveram um dos mais famosos casos de amor de todos os tempos.

Antônio e Cleópatra

Amor verdadeiro?

Por mais calculista que Cleópatra tenha sido no início — e tudo indica que programou tudo para que Antônio se apaixonasse por ela —, no fim os dois parecem ter se amado de verdade.

Mas Antônio e Cleópatra eram mais que amantes. Também eram chefes de Estado costurando uma aliança política. Prova disso é que fizeram uma negociação duríssima nos primeiros e vertiginosos dias em que ficaram juntos.

Cleópatra e sua víbora

Antônio e Cleópatra

Foi assim que Cleópatra levou Antônio para casa e que Arsínoe perdeu a cabeça. Tôni e Cleo botaram pra quebrar. Todas as noites organizavam festas de arromba um para o outro, competindo para ver quem dava o rega-bofe mais exuberante. Ou iam passear na cidade. Antônio gostava de se vestir de escravo e ir xeretar a casa dos outros. Cleópatra ia com ele, vestida de criada. Volta e meia Antônio enchia a cara e se metia em brigas, mas os alexandrinos gostavam dele precisamente por isso — e da rainha por ter a coragem de acompanhá-lo em suas aventuras.

Cleópatra e sua víbora

Em Roma, contavam-se coisas do arco-da-velha sobre o novo casal. Eis algumas delas. O que você acha, é verdade ou é mentira?

① **OITO PORCOS PARA DOZE PORCOS!**

Os criados relatam que os cozinheiros da rainha Cleópatra prepararam oito porcos-do-mato inteiros para um banquete de apenas doze pessoas, semana passada, em Alexandria...

② **ROMA PILHA, O EGITO EMPILHA**

Os rolos da mais famosa biblioteca da Ásia Menor sumiram. A anta do Tôni deu tudo para a rainha do Egito. Os intelectuais romanos ficaram furiosos com a notícia. "Havia 200 mil rolos na biblioteca", disse um deles. "Antônio é cidadão romano. Se era para tirá-los de lá, tinha de trazê-los para Roma."

③ **PRATOS DE OURO**

Tôni, o Ausente, continua em Alexandria — comendo em pratos de ouro maciço. Outro dia, quando ele acabou de raspar o prato, Cleo lhe disse que podia levar o serviço inteiro de presente. No próximo banquete, ela vai servi-lo em pratos maiores ainda...

Antônio e Cleópatra

A RAINHA BEBE PÉROLAS

(4)

A extravagância de Cleópatra atingiu um novo nível na noite de ontem, quando a rainha do Egito *bebeu uma pérola*!

Dizem que o Tôni andou tão impressionado com o que a perdulária rainha gasta nos banquetes que até perguntou por que tanto exagero. Cleo disse que aquilo não era nada e falou quanto ia gastar na próxima comilança. "Impossível", disse Antônio.

Mas no festim seguinte Cleo encomendou uma pérola. Botou-a num copo de vinho e, quando a pérola se dissolveu, bebeu o vinho...

RAINHA DO BARCO DOURADO MANDA UMA CARTINHA PRO SEU NAMORADO

(5)

O romano Antônio estava participando ontem de um julgamento de reis e príncipes, quando parou para ler uma carta de amor de Cleópatra. Os advogados protestaram dizendo que, ao parar para ler a mensagem, Tôni violou as regras processuais. A tal cartinha foi gravada pela Cleo numa peça de cristal de valor inestimável.

Cleópatra e sua víbora

Respostas:

1 Aparentemente é verdade. Cada porco-do-mato foi preparado em diferentes momentos, de modo que por mais que a rainha atrasasse o banquete, sempre haveria um porco assado ao ponto. Não há menção do que aconteceu com os porcos-do-mato que eles não comeram, mas provavelmente os cozinheiros levaram para casa uns sacolões bem sortidos.
2 Verdade. Antônio de fato deu para Cleópatra todo o conteúdo da biblioteca de Pérgamo. Ele não era lá um grande leitor e sabia que ela adorava livros.
3 Pode ser verdade. Um dos atrativos de Cleópatra era ser podre de rica e, quando queria, muito generosa.
4 Pura mentira. As pérolas não se dissolvem no vinho, e dificilmente alguém beberia os líquidos em que se dissolvem. Mas Cleo pode ter tapeado Antônio: ela pode ter engolido a pérola e esperado a dita-cuja sair do outro lado! Mas todo mundo acreditava nessa história, na época — e o fato de a rainha "beber pérolas" a tornava mais exótica ainda.
5 Pode ser verdade em parte. É bem verossímil que Antônio tenha achado a carta de amor da Cleo mais interessante do que um chatérrimo processo. É menos verossímil que ela tenha gravado a tal cartinha numa peça de cristal: teria levado tempo demais para fazê-lo.

Os romanos costumavam pensar que Antônio era um bom romano que estava sendo desencaminhado por aquela rainha egípcia pervertida e farrista. Mas Plutarco conta uma história que sugere que não era bem assim.

Um dia, quando Cleo e Antônio foram até o rio — mais um dia de sol, areia e pescarias —, ela mandou uma criada amarrar um peixe morto, já salgado, na linha de pesca de Antônio, sem que ele visse. A criada assim fez, depois deu uma puxada na linha. Antônio, pensando que pescara um peixe, puxou para fora d'água o peixe morto. Todo mundo caiu na risada com a brincadeira, inclusive Cleo e Antônio. Mas o mais interessante foi o que a Cleo falou:

Em outras palavras: "Acabou-se a brincadeira, Tôni. Está na hora de cuidar da sua carreira".

Fim de caso?

Antônio e Cleópatra parecem ter sido muito felizes juntos nessa etapa das suas vidas. Mas havia um probleminha: Antônio era casado.

A mulher dele, Fúlvia, era tremendamente mandona. Antônio não gostava muito dela e não queria voltar para casa. Mas então chegaram notícias de Roma. Fúlvia havia iniciado uma guerra civil contra Otaviano, que dividia o poder com Antônio. E ele teve de ir resolver o assunto. Quando ele chegou, Otaviano tinha derrotado e expulsado Fúlvia da Itália. Ela morreu pouco depois na Grécia. Isso significava que Antônio estava livre para se casar.

Cleópatra e sua víbora

Mas aconteceu que o marido da irmã de Otaviano acabara de morrer. E Otaviano tinha bolado um plano que transformaria Antônio em seu aliado e ao mesmo tempo livraria Roma daquela diaba da rainha do Egito. Esse plano era casar Antônio com sua irmã.

"Ótima ideia", aprovou Antônio, que não queria ofender Otaviano. De resto, ele sempre soubera que nunca poderia se casar com a Cleo, porque os romanos só podiam se casar com romanas. Mas ele sabia que Cleópatra não ia gostar nada daquilo, ainda mais porque, quando ele partiu, ela estava esperando um filho.

QUERIDA CLEO,

QUANDO VOCÊ RECEBER ESTA, TEREI ME CASADO. POR FAVOR, NÃO FIQUE BRAVA. TIVE DE ME CASAR PARA MANTER A PAZ COM OTAVIANO. DEPOIS DA CONFUSÃO QUE A FÚLVIA ARMOU, TIVE DE FAZER UM GRANDE GESTO PARA QUE ELE CONFIASSE EM MIM. ELE TERIA FICADO OFENDIDO SE EU NÃO HOUVESSE ACEITADO SUA IRMÃ. E EU NUNCA PODERIA ME CASAR COM VOCÊ, PORQUE VOCÊ NÃO É ROMANA.

CLARO, NÃO SINTO POR ELA O QUE SINTO POR VOCÊ. MEUS MESES AO SEU LADO FORAM OS MELHORES DE TODA A MINHA VIDA. VOU SENTIR SUA FALTA MUITO MAIS DO QUE VOCÊ PODE IMAGINAR. ESPERO QUE UM DIA SEJAMOS GRANDES AMIGOS.

COM TODO O MEU AMOR,

ANTÔNIO

Antônio e Cleópatra

Nem é preciso dizer que a Cleo ficou uma arara. E não era para ficar? Namorou Antônio mais de um ano. Esperava um filho dele. E, sem dúvida o que era mais importante para Cleópatra, precisava dele para seu maior projeto: aliar Roma ao Egito por meio do casamento de seus governantes.

DIÁRIO SECRETO DA CLEO

Como ele se atreve? Como ele se atreve?!?! Casar com a irmã do Otaviano, quando podia voltar e se casar comigo! Não posso acreditar! Ele disse que me amava. Eu **sei** que ele me ama. Mas ele me chutou para escanteio para se casar com uma chata de uma viúva romana só para acalmar Otaviano.

E os dois vão morar em Atenas. Como ele pode fazer uma coisa dessas? Como pode agir como se o ano passado não tivesse existido? Não pode! Nosso filho é uma prova viva. Ele vai querer conhecer a criança quando ela nascer.

Em todo caso, eu nunca o amei. Um cavalão chato, sem nada na cabeça. Estúpido. Bêbado o tempo todo. Não se interessa por nada remotamente intelectual. Fico melhor sem ele.

Vou mandar um espião à sua corte. Um astrólogo. Sei o quanto Tôni é supersticioso.

Cleópatra e sua víbora

Cartas do Egito — enviadas e não enviadas

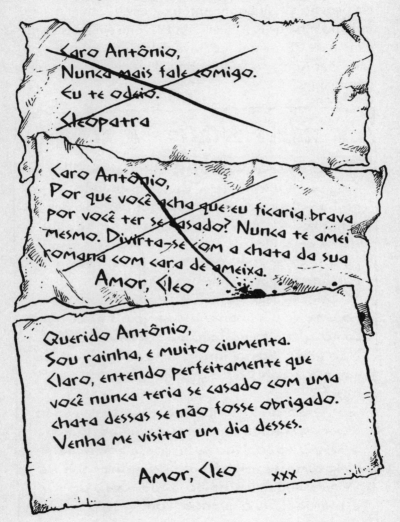

Cleo nunca fazia as coisas pela metade. Em 40 a.C. deu à luz um casal de gêmeos, filhos de Antônio. Chamou-os

Antônio e Cleópatra

de Cleópatra (quem diria!) e Alexandre (já havia um Ptolomeu — o jovem Cesário, seu filho com Júlio César).

Três anos iriam se passar até que ela visse Antônio outra vez. Ele estava morando em Atenas com a irmã de Otaviano, que se chamava Otávia. Cleópatra mandou um astrólogo à sua corte para espioná-los e lhe contar o que acontecia. O astrólogo lhe escrevia todos os dias, de modo que ela estava sempre atualizada.

Por mais magoada e furiosa que estivesse, Cleópatra não ia passar o resto da vida prostrada. Afinal, tinha um país para governar. E um montão de interesses. Lia muito. Estudava ciências. Às vezes até cuidava dos filhos.

Eis alguns dos projetos que ela levou a cabo:

um livro sobre maquiagem;
um livro de ginecologia;
um livro sobre pesos e medidas, e
a concepção e construção de um enorme monumento que idealizou para ser seu túmulo.

Cleópatra e sua víbora

Essa receita é verdadeira, mas NÃO a experimente no seu pai — nem em ninguém! O médico grego Galeno a copiou do livro de Cleópatra sobre maquiagem, que se perdeu. Não se sabe o que mais Cleópatra escreveu no tal livro. Será que ela explicou tudo o que gostaríamos

Antônio e Cleópatra

de saber sobre a hena e o *kohol*, e ensinou como fazer perucas à maneira dos antigos egípcios? Será que ela também bebia litros de água e fazia ginástica? Diz a lenda que ela costumava tomar banho de leite de jumenta — provavelmente por ser bom para a pele.

Além disso tudo, Cleo era famosa por estudar os segredos dos antigos egípcios. Alguns desses segredos, acreditava-se, davam poderes especiais, sobre-humanos.

Tudo isso fazia parte da vida de uma rainha-deusa. E era o que importava acima de tudo para Cleópatra, muito mais do que a perda de Antônio. Ela era rainha do Egito, e pretendia continuar sendo, com ele ou sem ele. Pelo que sabia, ele já estava ficando farto da Otávia.

Cleópatra e sua víbora

Carta de um astrólogo

> **Nobre senhora,**
> **Como já lhe disse várias vezes, o romano está cheio. Ontem à noite, depois de tomar umas e outras, voltou a falar de Alexandria, de como se divertiu lá com a rainha egípcia, da inteligência dela, do seu espírito, do seu charme, da sua beleza, e por aí foi. Senhora, dê tempo ao tempo. Não demora muito, ele volta para a senhora.**
>
> **Vosso mui leal servidor,**
>
> **Xerxes**

Venha me encontrar em Antióquia

O astrólogo tinha razão. Antônio já não aguentava mais a boa mas chatíssima Otávia. Largou-a na primavera de 37 a.C. Partiu para Antióquia e mandou uma mensagem a Cleo, pedindo-lhe que fosse se encontrar com ele. Ela foi, levando os gêmeos, agora com três anos de idade, que Antônio não conhecia.

Antônio estava ansioso por ver os três. Mas Cleópatra não era o tipo de mulher que dizia "eu te perdoo", e ponto final. Se Antônio a queria de volta, tinha de provar que a amava.

Ela não queria flores nem jantares à luz de velas. O caminho para o coração de Cleópatra sempre era ajudar seu país. Ela queria que Antônio fortalecesse o Egito. Is-

Antônio e Cleópatra

so significava dar a ela as terras limítrofes com o Egito, de modo a tornar mais seguras suas fronteiras. Ou terras que fossem ricas em ouro ou em plantações. Ou, de preferência, ambas.

Eis o que o historiador judeu Josefo escreveu sobre ela no século I d.C.:

> Na época, havia revoluções e distúrbios na Síria, porque Cleópatra não parava de indispor Antônio com os soberanos locais. Persuadiu-o a tirá-los do poder e dar a ela as terras e os títulos deles. Antônio amava-a extremamente. E tinha-a na mais elevada consideração.
>
> Assim sendo, ela pediu a Antônio que lhe desse o reino da Judeia e expulsasse os reis da Arábia das suas terras. Ele estava tão enfeitiçado por essa mulher que fazia tudo o que ela lhe pedia.

Você vai dizer que Josefo não gostava nem um pouco da Cleo! Não era o único. Antônio destronou os soberanos da Fenícia e de Cálcis, para dar seus reinos a Cleópatra. Também deu para ela a faixa costeira do mar Vermelho, onde viviam os árabes chamados nabateus, e a parte do reino judaico da Judeia onde cresciam valiosas palmeiras.

Cleópatra e sua víbora

Isso tudo criou uma porção de inimigos. E não agradou aos compatriotas romanos de Antônio — não porque Antônio tivesse se livrado dos reis e se apoderado dos seus países (Roma vivia fazendo isso), mas porque ele dava esses países para a rainha do Egito.

Mas não estava dando-os de graça. Em troca, Cleópatra concordou em construir uma frota de navios de guerra. A armada egípcia seria a guardiã do Mediterrâneo para Antônio. Além disso, Cleópatra abasteceria as tropas dele de comida e roupas.

Os dois organizaram uma senhora cerimônia, uma espécie de casamento ou de coroação para celebrar esse trato. Claro, do ponto de vista da lei romana, Antônio não era livre para se casar, mas naquela altura ele já estava por aqui com a maneira romana de fazer as coisas. Tinha grandes ambições, assim como Cleópatra.

Antônio e Cleópatra

Nunca saberemos direito quem é que mandava. Em todo caso, na época eles jogavam em equipe. Naquele ano, cunharam algumas novas moedas, com a efígie de Antônio de um lado e a da Cleo do outro.

Também mudaram o calendário — o ano 1 passou a ser o ano em que eles voltaram a viver juntos! (O último Acontecimento Importante da história egípcia foi a subida ao trono, ao lado da mãe, do jovem Cesário.) Tratava-se de uma clara mensagem para o mundo de que A&C eram um casal.

Por fim, os gêmeos ganharam novos nomes. O nome grego do Sol, Hélio, foi acrescentado ao do pequeno Alexandre. E a pequena Cleópatra recebeu o de Selene, a Lua. Foi um golpe e tanto no velho inimigo de Roma, o rei da Pártia, que se autodenominava Irmão do Sol e da Lua. Com isso Antônio lhe dizia para abrir os olhos, que os romanos estavam chegando!

ANTÔNIO VAI À GUERRA

O Império Romano — ou mesmo a metade dele — era tão grande que uma só pessoa não podia controlá-lo diretamente, de modo que Antônio, como outros romanos antes dele, criou um esquema de proteção parecido com o da Máfia. O rei local podia reinar, contanto que não causasse problemas, e dava a Antônio o que este queria. O rei Herodes da Judeia (o mesmo Herodes que estava no trono quando Jesus nasceu) e Cleópatra faziam parte desse esquema: pagavam pela proteção romana.

Mas o rei da Pártia não quis fazer parte do Império Romano. Não estava a fim de ceder homens e ouro para ajudar Roma em suas guerras. Queria governar seu reino sem interferências.

Antônio não podia deixar que aquilo continuasse assim. Aliás, havia outro bom motivo para conquistar a Pártia. Se MA vencesse, governaria um território tão grande quanto o que Alexandre Magno — o mais famoso general da história e o homem com quem o ancestral da Cleo, o primeiro Ptolomeu, foi para o Egito — governou. Antônio se babava com essa ideia.

Assim, durante o inverno de 37 a.C., ou "1 A&C", Antônio despachou mensagens para todos os reis do seu esquema. Para cada rei punha uma cifra, de acordo com o que achava que eles podiam fornecer.

MUI CARO E MUI ESPECIAL _____,

MEUS CUMPRIMENTOS DE ALEXANDRIA.
    VOCÊ ESTÁ FAZENDO UM TRABALHO NOTÁVEL, À FRENTE DESSE SEU PEDAÇO DO IMPÉRIO ROMANO. AGRADECEMOS ANTECIPADAMENTE A CONTRIBUIÇÃO QUE VAI DAR À GLÓRIA DE ROMA.
    O IMPÉRIO ROMANO SERÁ EM BREVE AINDA MAIS GLORIOSO. FAVOR ENVIAR O SEGUINTE:
___ CENTENAS DE HOMENS, COM TODO O ARMAMENTO;
___ MILHARES DE HOMENS PARA SERVIR DE CARREGADORES, COZINHEIROS, MÉDICOS ETC.;
___ TONELADAS DE TRIGO;
___ CENTENAS DE MULAS;
___ CAMELOS;
___ CABRESTOS COM FREIO;
___ SELAS;
___ CESTOS;
___ PARES DE SANDÁLIAS DE COURO (VÁRIOS TAMANHOS), E
___ ATADURAS.

SEU,

ANTÔNIO
TRIÚNVIRO DE ROMA

Cleópatra e sua víbora

Além disso, mandou uma convocação para todas as legiões romanas em seus territórios. Elas deviam se reunir em Antióquia, prontas para a guerra. Todos os homens dessas legiões eram soldados experientes.

Quando o inverno terminou, Antônio marchou de Antióquia para a Pártia à frente de um exército gigantesco — e Cleo fez com ele parte do caminho.

DIÁRIO SECRETO DA CLEO

PRIMEIRO DIA

Que lindo é o Tôni marchando à frente do seu exército romano com sua túnica de couro e seu elmo romano! Ele é tão forte! Suas pernas musculosas enfiadas naqueles protetores de metal que brilham me deixam toda arrepiada. Seus homens o adoram, claro. Ele conversa com eles de igual para igual, lembra-se dos nomes e de particularidades de cada um. Sempre tem

Antônio vai à guerra

uma palavra simpática para todos. É um político nato! Chego a ter ciúme deles. Vão tê-lo ao seu lado o verão inteiro, e eu não...

QUARTO DIA

Esses romanos marcham tão depressa, vão tão longe! Fazem uns cinquenta quilômetros por dia. Eu vou carregada numa liteira por quatro soldados, senão não aguentaria. Por todo o caminho, as pessoas vêm nos ver passar. É ótimo que todos me vejam ali também. Fica claro para eles que eu e o Tôni formamos uma equipe.

Os romanos estão dizendo que o Tôni foi à guerra cedo demais. E que só está fazendo isso para voltar antes do inverno para os meus braços. Tôni disse que é besteira, que está marchando agora porque está mais fresquinho.

Fiquei enjoada nas três últimas manhãs. Acho que estou grávida de novo.

Os soldados romanos não gostavam muito de Cleópatra estar viajando com eles. Achavam que lugar de mulher

Cleópatra e sua víbora

era em casa, guerra era coisa de macho. Mas Cleo não ia até o fim. Tinha mais o que fazer.

DÉCIMO DIA

Há dois dias chegamos à margem do Eufrates, onde acampamos. Ontem e hoje vi os homens, milhares e milhares deles, atravessarem o rio numa frota de canoas que o Tôni tinha encomendado para os pescadores do lugar. As canoas iam e vinham, iam e vinham, levando todo mundo. Os animais de carga nadaram até a outra margem. Seus cestos foram levados de canoa, para que não se molhassem.

Quando todos os soldados se foram, chegou a vez de Antônio ir. Nós nos despedimos, com lágrimas nos olhos.
  Pedi a Rá e a Ísis que ele conquistasse a Pártia e voltasse são e salvo para mim, em Alexandria.
  Bem, agora preciso cuidar da minha vida.

Antônio vai à guerra

Uma boa fonte de renda

Graças a toda a terra que Antônio deu a Cleópatra, o rio Eufrates era agora a fronteira do Egito. Depois de se despedir do Tôni, Cleo regressou lentamente, visitando seus novos reinos. Queria que todos vissem sua nova rainha. E queria conversar com os soberanos locais.

Veja o que Josefo, o historiador judeu, disse da visita de Cleo ao rei Herodes:

> *Tendo acertado o que tinha de acertar e visto Antônio do lado de lá do Eufrates, Cleópatra voltou para casa, passando por Apameia e Damasco a caminho da Judeia, onde foi muito bem recebida por Herodes, com quem assinou um tratado pelo qual ele lhe mandaria a renda da parte da Arábia e de Jericó que coubera a ela. Jericó era célebre pelo bálsamo, que é a mais preciosa de todas as resinas, e também por suas palmeiras, as mais belas do mundo.*

Em outras palavras, Cleo fez um trato com Herodes. O povo dele podia continuar extraindo o bálsamo — que lhe pertencia anteriormente — contanto que pagasse a

Cleópatra e sua víbora

Cleópatra por esse privilégio. Não era à toa que Cleópatra era rica. E não era à toa que os judeus a detestavam.

Josefo prossegue: *Nessa ocasião, ela lançou mão de todos os seus encantos para envolver Herodes num caso com ela e, sendo uma mulher naturalmente luxuriosa e desavergonhada, praticamente deu certos passos nessa direção.*

Será mesmo que a Cleo deu uma cantada no Herodes? Não parece muito verossímil. Isso não se encaixava no plano dela, de governar o mundo com Antônio. Mas é bem possível que ela tenha tentado induzi-lo a paquerá-la. Se tivesse dado certo, ela provavelmente teria contado a Antônio, que teria ficado furioso — e talvez lhe dado mais que as terras do rei Herodes. Josefo achava que ela estava tramando para que o rei Herodes fosse morto.

Outra boa fonte de renda

Como o rei Herodes, o rei Malco da Nabateia perdeu um bocado quando Antônio deu umas terras dele, Malco, de presente para Cleópatra. Tratava-se de um território valioso porque ficava à margem do mar Vermelho e seu subsolo era rico em betume. Cleópatra fez com Malco o mesmo tipo de trato que fizera com Herodes. Devolveu-lhe as terras à beira do mar Vermelho. Ele podia explorar o betume, contanto que pagasse a ela por isso. Era mais ou menos como se alguém roubasse a sua casa, depois lhe cobrasse um aluguel para que você pudesse continuar morando nela.

Antônio vai à guerra

Bálsamo e betume
O bálsamo é uma resina que flui de certas árvores. Era usado para tratar de feridas e aliviar dores.

Cleo possivelmente entendia de bálsamo, dado o seu interesse pela cosmética e pela medicina. Pode ser também que ela quisesse comercializá-lo. Valia um dinheirão.

O betume, uma substância parecida com o piche, tinha vários usos. Era queimado em lamparinas, no lugar do azeite; passado nos barcos, para vedá-los e impermeabilizá-los, e empregado no tratamento da sarna dos animais.

Com a comercialização desses produtos, passou a entrar nos cofres do Egito uma grande quantidade de dinheiro, o que não acontecia havia anos.

E Cleópatra ia precisar dele. As campanhas de Antônio custavam uma fortuna. E não estavam indo muito bem. Eis como os jornais romanos poderiam ter noticiado a campanha da Pártia.

Cleópatra e sua víbora

O CENTURIÃO
XX/V/DCCXVIII (36 A.C.)
30 MIL ROMANOS MORTOS!

A tentativa de Marco Antônio para conquistar a Pártia terminou de forma catastrófica. *O Centurião* recebeu da Síria relatos dessa carnificina que Antônio chama de campanha.

Seus próprios soldados apontam os erros que MA cometeu. Primeiro, ele se pôs em marcha cedo demais — só porque queria voltar para sua namorada, a Cleo, antes do inverno. Depois, escolheu como acesso à Pártia uma estrada íngreme e estreita nas montanhas da Armênia. Com isso seus equipamentos tiveram de ficar na retaguarda, e metade do exército também, para protegê-los.

"Não liguei, mas os próprios generais dele avisaram que aquilo não ia dar certo", disse um veterano de doze campanhas. "Pra mim, ele perdeu o controle da situação."

Os armênios atacam

O rei da Armênia atacou de surpresa a retaguarda romana, enquanto o rei da Pártia atacava a vanguarda. "Foi uma surra daquelas. Eles não brincaram em serviço", comentou o mesmo veterano.

Antônio foi obrigado a recuar, para vergonha da águia

Antônio vai à guerra

romana. Seus equipamentos foram destruídos. Nossos rapazes desceram das montanhas a duras penas por trilhas pedregosas, famintos, descalços, as roupas esfarrapadas. Quando esfriou, caíram mortos como moscas, por causa dos ferimentos e de problemas pulmonares e intestinais. "Devem ter morrido no mínimo uns 30 mil homens nessa campanha desastrosa", disse outro soldado.

Antônio desesperado
Antônio sabe que bobeou. Fontes próximas a ele, que pediram para não ser identificadas, dizem que está à beira do suicídio.

Não é nada pessoal, mas *O Centurião* acha que é melhor para Roma o senhor se matar mesmo! O senhor já trouxe desgraça bastante para o Império. Poupe-nos novos vexames e retire-se honradamente de cena!

AQUILINA

Matar ou morrer
Era uma obrigação dos romanos vencer as batalhas ou morrer na tentativa de vencê-las. A derrota representava uma desonra. Era melhor cair pela própria espada do que ser derrotado por um inimigo. Especialmente importante era não ser capturado, porque do contrário o inimigo humilharia o cativo — e Roma.

Cleópatra e sua víbora

Mas Antônio não se matou. Parecia se sentir obrigado a levar de volta, sãs e salvas, suas tropas — que apesar dos pesares ainda o idolatravam. Rumou então para a Síria, onde acampou com o que restava do seu exército. Desesperado, escreveu para Cleópatra pedindo-lhe que fosse ao seu encontro e levasse roupas para os soldados e dinheiro para pagá-los.

Cleo, no entanto, não foi correndo para junto dele. Ninguém sabe por quê. Vai ver que era porque tinha acabado de ter outro neném, o pequeno Ptolomeu Filadelfo — que fora o nome do mais bem-sucedido de todos os Ptolomeus. Ou vai ver que era porque Cleo não gostava de perdedores. O que é certo, em todo caso, é que ela não gostava nada de abrir a mão.

Antônio sabia perfeitamente disso. E tinha medo de que ela o chutasse para escanteio. Olhe o que o Plutarco disse:

> *Ele ficou perturbado e deu para beber muito. Não suportava aquela espera, mas pularia da mesa para vê-la chegar. Afinal, ela chegou por mar com uma enorme quantidade de roupas e dinheiro, embora há quem diga que só chegou com roupas e que Antônio tirou de suas próprias reservas o dinheiro para distribuir aos soldados, como se fosse um presente dela.*

Antônio vai à guerra

Enquanto isso, em Roma...

Enquanto Antônio perdia campanhas e homens na Pártia, Otaviano acumulava sucessos. "Depois de um longo período de agitações, ele restaurou a paz em terra e mar", diz uma inscrição oficial no fórum de Roma.

Otaviano era um governante forte e eficiente. Tomou como modelo o deus grego Apolo, que era o deus da razão e da ordem. As moedas que cunhava traziam gravada a efígie de Apolo — enquanto as moedas romanas de Antônio mostravam Dioniso, o turbulento deus do vinho e das orgias.

Otaviano era tão ambicioso quanto Antônio e Cleópatra. Também desejava governar todo o Império Romano, oriental e ocidental. E detestou a maneira como Antônio se comportou com sua irmã. Ela estava grávida quando ele a deixou para voltar para Cleópatra, e agora criava sozinha os quatro filhos — os dois que tivera com Antônio e os dois do casamento dele com Fúlvia.

Mas embora Antônio tenha se comportado tão mal com ela, Otávia era uma esposa leal. Se estourasse uma guerra entre Antônio e Otaviano, ela ficaria do lado do marido. Otaviano não queria lutar contra a irmã, de modo que desistiu de declarar guerra a Antônio. Na verdade, até forneceu alguns homens e mantimentos para o exército que Otávia estava arregimentando a fim de ajudar Antônio a lançar um segundo ataque contra a Pártia.

Cleópatra e sua víbora

Antônio entrou em pânico quando soube que Otávia iria ao seu encontro. Sentia-se culpado em relação a ela, mas sabia que não havia esperança de os dois voltarem a viver juntos. Além do mais, ele ia ficar numa situação para lá de embaraçosa se Otávia chegasse e desse de cara com a Cleo...

> QUERIDA OTÁVIA,
>
> MUITO OBRIGADO POR TENTAR ME AJUDAR, MAS NÃO É NEM A HORA NEM O LUGAR ADEQUADO PARA VOLTARMOS A VIVER JUNTOS. NÃO QUERO CAUSAR NENHUM PROBLEMA ENTRE VOCÊ E SEU IRMÃO. POR FAVOR, VOLTE PARA ROMA E FIQUE POR LÁ, CUIDANDO DAS CRIANÇAS.
>
> AMOR,
> ANTÔNIO
>
> P.S. - SE VOCÊ QUISER MESMO ME AJUDAR, MANDE, POR FAVOR, NAVIOS E PROVISÕES. SERÃO MUITO BEM-VINDOS.

Antônio vai à guerra

Mas naquela altura Otaviano não estava pronto para atacar Antônio. E Antônio, por sua vez, viu que não tinha condições de enfrentar outra campanha contra os partos. Decidiu então tentar a sorte contra o rei da Armênia. O rei da Armênia era um peixe miúdo, mas havia contribuído para a derrota de Antônio. E Antônio queria lhe dar uma lição. Conquistou a Armênia e voltou para junto de Cleópatra levando prisioneiros o rei e seus dois filhos.

Com que roupa que nós vamos?
Antônio e Cleópatra celebraram o retorno de Antônio a Alexandria como se ele tivesse alcançado uma vitória formidável. Resolveram organizar um triunfo romano em Alexandria. Como sempre, Cleópatra bolou um verdadeiro espetáculo de Carnaval e fantasiou os filhos especialmente para a festa.

Alexandre, nove anos, seu filho mais velho com Antônio, foi de rei da Média: uma túnica comprida e um chapéu alto e estreito adornado com uma tiara e plumas de pavão.

O pequeno Ptolomeu Filadelfo, dois anos, foi de príncipe macedônio, com botas compridas, um curto manto

Cleópatra e sua víbora

púrpura e um chapéu de abas largas com um diadema no lugar da fita.

Não se sabe a fantasia de Cesário, mas na certa usava trajes egípcios. A coitadinha da Cleópatra Selene não foi, pelo que se sabe. Vai ver que a mãe dela achava que bastava uma mulher de sucesso na família.

Mamãe Cleópatra saiu de deusa Ísis (outra vez): um vestido comprido, esvoaçante, com todas as cores do arco-íris, um manto negro, um adorno de cabeça com uma lua e uma serpente, e um montão de joias.

Cleo sentou-se num trono de ouro numa plataforma erguida no ginásio, com os filhos à sua volta. Ao lado dela, um trono de ouro maior ainda, vazio, esperava por Antônio.

Ele veio marchando à frente das suas tropas, pelas ruas de Alexandria. Usava trajes romanos. Embora gostasse dos trajes egípcios, seus homens não gostavam nada de vê-lo com tais vestimentas: achavam que era um sinal de que ele tinha "virado um nativo".

Atrás de Antônio vinham o rei da Armênia e seus dois filhos, curvados sob o peso de correntes de ouro maciço. Tôni ia dá-los de presente para Cleo. Não era o único presente que ia dar a Cleópatra e filhos naquele dia. Quando ele tomou assento ao lado dela, teve início uma grande cerimônia. No fim da festa, todos estavam muito mais poderosos do que no começo.

Cleo era rainha do Egito, Chipre, Líbia e parte da Síria, com seu filho Cesário como consorte. Antônio a coroou rainha dos Reis. Alexandre, nove anos de idade, foi coroado rei da Armênia, Média e Pártia. Ptô, com seus dois aninhos, foi coroado rei da Fenícia, do resto da Síria e da Cilícia.

Quando terminou a coroação, Ptô e Alex beijaram os pais, antes de se retirarem com sua guarda de honra.

Antônio vai à guerra

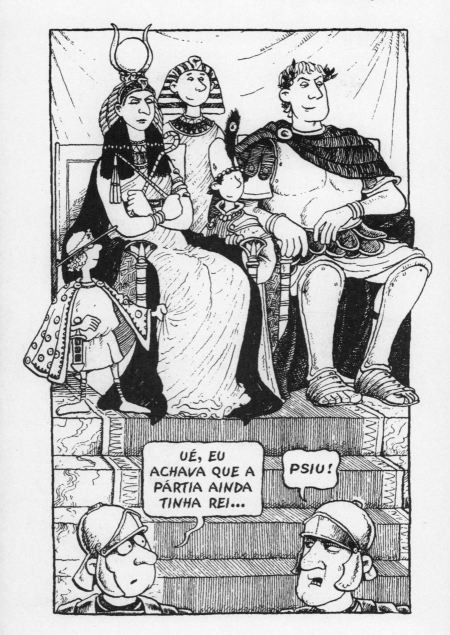

Para minha próxima trapaça...
Para celebrar a grande ocasião, foi cunhada nova moeda.

A superpoderosa

Sem ter travado uma só batalha, Cleópatra ganhou vastos territórios para si e para seus filhos. O RS encarregado do Império Oriental estava enrabichado por ela e lhe dava total apoio. E ela também podia reivindicar o direito de mandar em Roma, por intermédio de Cesário, seu filho com Júlio César.

Os pichadores de estelas tinham razão. Otaviano e seus partidários estavam de olho na primeira oportunidade que aparecesse para massacrar Cleópatra. Foi por essa época que eles começaram a espalhar uns boatos maldosos sobre ela. Diziam que a Cleo tinha um montão de namorados, que tinha acabado com a macheza do Antônio e transformado o dito-cujo numa mulherzinha.

Antônio vai à guerra

Valia tudo na propaganda contra Cleópatra. Otaviano chegou ao ponto de ir ver as Vestais e forçá-las a lhe dar o testamento de Antônio.

AQUILINA

Quem são essas tais de Vestais?
Vesta era a deusa romana do lar. Lar era onde se acendia o fogo, o lugar mais importante de uma casa romana. Havia em Roma um templo consagrado a Vesta onde ardia um fogo sagrado que simbolizava o lar, o centro do Império Romano. Esse fogo nunca se apagava. Seis moças virgens, as Vestais, cuidavam dele.

Uma virgem podia se tornar Vestal quando tinha entre seis e dez anos. Daí para a frente, era emprego garantido até chegar a hora da aposentadoria, trinta anos depois.

Os romanos confiavam seus testamentos e outros papéis importantes às Vestais, que deviam mantê-los em segurança e nunca mostrá-los a ninguém enquanto seus donos estivessem vivos.

Cleópatra e sua víbora

Assim, quando Otaviano roubou o testamento das mãos delas, foi um escândalo. Ele nem ligou. Até foi ao Senado, ler uns trechos do documento, porque sabia que o que estava escrito ali ia chocar seus concidadãos.

Os senadores romanos acharam aquilo um horror. Os egípcios mumificavam seus mortos, que depois eram encerrados em túmulos. Os romanos preferiam a cremação, que não deixava restos. Para eles, o testamento era mais um sinal de que Antônio dera as costas a Roma e "virara um nativo".

O mais importante de tudo foi que Otaviano e seus cupinchas contaram ao povo romano que Antônio e Cleópatra planejavam tomar o Império Romano e governá-lo do Oriente. Diziam que Roma passaria a ser então uma provinciazinha do enorme Império Egípcio.

O povo romano não gostou nem um pouco dessa ideia. Voltou-se contra os amigos de Antônio. O pau comeu novamente, e os partidários de Antônio tiveram de fugir para salvar a pele.

ANTÔNIO E CLEO VERSUS ROMA

Agora, a guerra entre Otaviano e Antônio era só uma questão de tempo. Otaviano não tinha pressa. Ele sabia que Antônio não podia invadir a Itália, porque os soldados romanos sob seu comando não topariam. Não iriam invadir seu próprio país em nome da rainha egípcia.

O exército egípcio não era dos melhores, mas os egípcios sempre foram ótimos marinheiros, de modo que a Cleo decidiu preparar uma superfrota para combater por Antônio.

Ela era eficientíssima nessas coisas. Deu um jeito de construir os navios no Líbano, usando o cedro das florestas de lá. Como não achava a organização dos estaleiros libaneses confiável, colocou as naus sob a supervisão dos egípcios. Cleópatra construiu quinhentos grandes navios, que eram uma mistura de fortaleza com aríete.

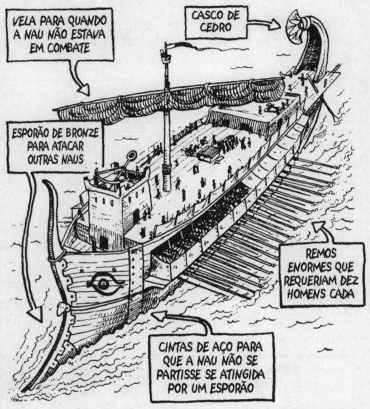

Mas construir as naus não bastava. Cleo também tinha de providenciar comida, roupas e transporte para os milhares de homens envolvidos na guerra. E ela fez isso praticamente sozinha, porque Antônio estava deprimido e vivia bêbado. Todo mundo foi pago, todo mundo foi alimentado. E isso era excepcional em tempos de guerra.

Apesar dessa eficiência, os romanos sob o comando de Antônio não estavam contentes. Queriam combater

Antônio e Cleo versus Roma

em terra. Achavam que Antônio só ia combater no mar porque fazia o que Cleópatra mandava. Alguns dos amigos mais antigos de MA resolveram cair fora. Um deles foi Enobarbo, um valoroso soldado romano que servia com Antônio em todas as circunstâncias. Enobarbo poderia ter feito uma anotação assim, na época:

> NÃO ESTOU GOSTANDO. O CHEFE NÃO É MAIS O CHEFE. NÃO É QUE EU NÃO GOSTE DE TOMAR UMAS, MAS É QUE, ASSIM, ELE PASSOU DOS LIMITES. TÔNI ESTÁ DE PORRE DE MANHÃ, DE TARDE E DE NOITE. QUEM TÁ USANDO A TOGA É ELA.
>
> NÃO SOU FÃ DO OTAVIANO, MAS PELO MENOS ELE É ROMANO. E ELA É EGÍPCIA. OU GREGA. OU SEJA LÁ O QUE FOR. EM TODO CASO, ROMANA É QUE ELA NÃO É. EU É QUE NÃO VOU LUTAR CONTRA O MEU POVO POR CAUSA DELA.
>
> VAI SER OUTRA PÁRTIA, QUER SABER? E NEM RATO FICA A BORDO DE UM NAVIO QUE ESTÁ INDO A PIQUE.
>
> ABANDONAR ANTÔNIO ME DEIXA DE CORAÇÃO PARTIDO, MAS QUE QUE EU POSSO FAZER? MELHOR PASSAR PARA O LADO DO OTAVIANO AGORA, ANTES DA DERROTA. ELE COM CERTEZA VAI ME ARRANJAR UM EMPREGO. AFINAL DE CONTAS, TENHO UMA FAMÍLIA EM QUE PENSAR. E PARA ALIMENTAR.
>
> DARIA TUDO PARA NÃO TER CHEGADO A ESTE PONTO.

Enobarbo fugiu durante a noite, deixando para trás tudo o que tinha.

Antônio ficou muito triste ao saber do acontecido. Gostava de Enobarbo tanto quanto Enobarbo gostava dele.

Cleópatra e sua víbora

Sabia que, se os melhores homens o estavam abandonando, era o princípio do fim. Mas ele era generoso. Sem dizer nada a Cleópatra, que teria ficado furiosa, mandou todos os pertences e os serviçais de Enobarbo atrás dele.

O próximo a querer escapar não era grande amigo de Antônio. Pegaram-no tentando partir e, para garantir que ninguém mais fugiria, o executaram.

Ainda assim, outros se foram, e os que ficaram não estavam satisfeitos. Repetidas vezes, muitos tentaram convencer Antônio que ele tinha de deixar a rainha de lado quando fosse para a guerra. Os romanos não gostavam de combater sob as ordens de uma mulher e estavam começando a achar que essa mulher era um tremendo pé-frio. Também começou a ficar claro que não haveria marinheiros suficientes para tripular os navios.

Pronto pra outra

Na Itália, Otaviano também estava se preparando para a guerra. Como não dispunha de arcas e mais arcas de ouro, teve de arrecadar fundos por meio de impostos. Levou tempo, e o povo não gostou nada, nada. A única coisa a seu favor era que ele sabia que Antônio não podia invadir a Itália, o que lhe dava um certo fôlego.

Seu almirante, Agripa, sabia que Cleópatra estava preparando uma poderosa armada e resolveu não tentar construir navios gigantescos como os dela, mesmo porque Otaviano não tinha como bancar a construção de navios iguais. Assim, mandou construir um grande número de pequenas embarcações, como as usadas pelos piratas. Diferentemente das imensas naus de Cleópatra, as dele podiam ser manejadas por poucos marinheiros e mudar rápido de direção.

Antônio e Cleo versus Roma

Que a deusa da guerra nos ajude!
Finalmente Otaviano estava pronto. Foi então ao templo de Belona, a deusa romana da guerra, que tinha serpentes na cabeça, em vez de cabelos. Ela vestia uma armadura coberta de sangue e erguia um chicote manchado de sangue acima da cabeça. Era tão apavorante, que mantinham seu templo trancado a maior parte do tempo, porque temiam que ela saísse de lá.

Agora Otaviano queria que ela saísse. Queria que ela matasse Antônio. Entrou no templo, escancarou as portas e ofereceu um porco-do-mato em sacrifício a ela. Depois saiu do templo e bradou do alto da escada...

E zarpou da Itália com sua ágil frotinha.

Guerra!!!

Pobres soldados romanos. Não tinham folga. Cada verão era uma nova campanha.

Dessa vez, os soldados de Otaviano e Antônio passaram o verão inteiro de 31 a.C. combatendo entre si. Um montão deles morreu; outro montão de naus foi a pique, inclusive 270 dos navios gigantes de Cleópatra. No fim do verão, Otaviano encurralou a armada egípcia numa baía, em um lugar da Grécia chamado Actium.

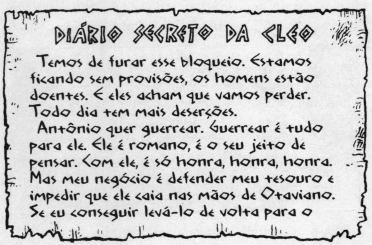

Antônio e Cleo versus Roma

> Egito a salvo, já é uma vitória. Mas se o O. conseguir botar a mão nele, estaremos fritos. Contei meu plano a Antônio. Nós saímos, preparados para o combate. Temos uma boa chance de derrotar o O. O Tôni é um general muito melhor que ele. Mas, por via das dúvidas, vou levando as velas nas minhas naus, para escapar se preciso. Disse ao Tôni que ele devia fazer o mesmo.

Como sempre, Cleópatra demonstrava bom senso. No entanto, para os romanos, era da maior importância alcançar uma grande vitória. Com eles não tinha essa história de sair de fininho e deixar a batalha para outro dia.

Os assessores romanos de Antônio pensavam em termos de uma batalha romana. Não pareciam cientes do plano de Cleópatra. Estavam espantados com a insistência dela em participar da batalha a bordo da sua nau particular, bem menor que as outras. Mais espantados ainda ficaram quando ouviram dizer que Antônio estava levando velas em seus navios, pois não se fazia isso durante as batalhas navais. As velas não eram necessárias em combate, quando as naus investiam umas contra as outras com seus esporões, ou se abalroavam lateralmente para os homens travarem combate corpo a corpo. Se Antônio levava velas, é que devia estar pensando secretamente em escapar velejando.

E foi o que ele fez. A Batalha de Actium foi um desastre do ponto de vista de Antônio. As naus de Otaviano eram mais rápidas e mais bem manejadas. Eram capazes de arremeter contra as enormes fortalezas flutuantes, atacá-las e cair fora.

Cleópatra e sua víbora

Plutarco descreveu assim o que aconteceu depois:

Então, viu-se de repente a flotilha de sessenta naus de Cleópatra içar as velas e fugir bem no meio da batalha. Posicionada atrás dos navios pesados, essa flotilha precipitou-se através da linha deles, semeando a desordem, e com as velas cheias pelo vento de popa suas naus tomaram o rumo do Peloponeso.

Antônio, a bordo de uma das fortalezas flutuantes, pa-

Antônio e Cleo versus Roma

receu ter ficado surpreso. Talvez Cleópatra não lhe tivesse contado seu Plano B. A própria nau capitânia de Antônio era grande e pesada demais para segui-la, portanto ele foi para outra nau menor e saiu ao encalço de Cleo.

Agora os homens de Antônio estavam combatendo sem seu chefe, que tinha ido atrás do amor da sua vida. Tentaram manobrar as enormes naus que ela construíra para eles. O vento se levantou, e as naus romanas puderam penetrar entre eles. Lá pelas quatro da tarde, a batalha havia terminado. Os homens de Antônio se renderam.

Cleópatra e sua víbora

Naquela mesma noite, os imensos navios pegaram fogo. Mas antes disso seus esporões de bronze foram desmontados. Seriam usados num monumento à vitória de Otaviano.

Quando Antônio se encontrou com Cleópatra, a coisa ficou feia.

DIÁRIO SECRETO DA CLEO

2 dias depois de Actium

O Tôni ainda está emburrado. Não fala comigo. Já faz dois dias que está sentado na proa do navio com a cabeça entre as mãos. Acho que deve estar preocupado com a sua honra. Romano que é romano não foge, eis o problema. Que besteira! Pra que ficar, se você sabe que vai perder a batalha?

3 dias depois de Actium

Estou preocupadíssima com o Tôni. Tenho medo de que ele se jogue no mar. Não tem comido nada e nem olha para mim. Acho que é o fato de ter abandonado seus homens que o deixa assim. Mas, se todos tivéssemos tentado escapar, Otaviano teria vindo atrás de nós.

6 dias depois de Actium

Antônio e eu já nos acertamos mais ou menos. Mas nunca o vi tão deprimido. Diz que está liquidado e me culpa por isso. Não paro de lhe dizer que posso construir outra frota quando ele quiser. Ele diz que o

> problema é que nenhum romano vai querer combater para ele de novo e que não pode manter o Egito apenas com os egípcios. Pode ser que ele tenha razão.

Logo chegou a notícia de que a frota deles tinha sido completamente destruída. Foi aí que Antônio saiu do marasmo. Pegou uma das naus que levavam o tesouro de Cleópatra e o ofereceu todinho aos soldados que o acompanhavam, dizendo que pegassem o tesouro, o abandonassem — a ele, Antônio — e fizessem as pazes com Otaviano. Os homens o rodearam com lágrimas nos olhos, sem querer fazer o que ele mandava mas sabendo que não havia alternativa.

Cleópatra voltou exibida,
Fingindo ter ganho a parada.
Rainha que se diz vencida
Logo, logo é destronada

Pois é, a Cleo voltou para Alexandria com os navios todos engalanados, como se tivesse vencido a Batalha de Actium. Sabia que só era poderosa enquanto o povo acreditasse que ela era. E, além do mais, não tinha perdido nem suas terras, nem seu tesouro. O importante agora era garantir que não haveria nenhuma rebelião contra ela.

Antônio não estava com Cleópatra. Não conseguia enfrentar aquela situação. Foi para um lugar chamado Cirene, do outro lado da fronteira do Egito. Vagou um tempo pelo deserto. Quando retornou a Alexandria, a Cleo tinha bolado um novo plano.

Cleópatra e sua víbora

E agora?
O rei Malco da Nabateia (aquele que perdeu todo o seu betume para a Cleo) recebeu naqueles dias uma carta de um amigo...

> Meu caro Malco,
>
> Achei que você gostaria de saber que a rainha C. está levando o que sobrou da sua frota para as margens do mar Vermelho. Parece que o plano dela é fugir com Antônio para a Índia. A não ser, claro, que algo aconteça com seus navios nesse meio-tempo. Para bom entendedor, meia palavra basta.
>
> Seu sempre leal mercador, P.

Aquilo deu uma ideia a Malco.

> **DIÁRIO SECRETO DA CLEO**
>
> Maldito Malco! Os árabes dele puseram fogo em todos os meus navios! Todos viraram cinza, até a última tábua. A ideia de ir para a Índia foi por água abaixo.
> O Antônio está ficando impossível. Construiu uma casinha perto do farol e fica sentado lá o dia todo, arrasado.
>
> SNIF

Antônio e Cleo versus Roma

Enquanto isso, em Roma, a vida de Otaviano também não estava nada fácil.

O CENTURIÃO
XIV/I/DCCXXIV (30 A.C.)
"ME DÁ MEU SOLDO AÍ!"

Entrou areia no plano de Otaviano para conquistar o Egito quando, ontem à noite, o exército entrou em greve.

A irritação da tropa contra Otaviano vem crescendo, porque os soldados leais a Roma ainda não foram pagos, enquanto os homens de Antônio voltam para casa carregados de moedas de ouro, pratarias e joias.

Otaviano se reuniu com os líderes da greve ontem à noite para explicar sua posição. "Não é tão fácil assim numa república", disse-lhes. "A gente tem de arrecadar dinheiro por meio de impostos, e está sempre faltando dinheiro. Se tivéssemos capturado a nau com o tesouro egípcio, não estaríamos nessa situação. Mais uma campanha, e o tesouro é nosso. Aí pago vocês."

Os homens não se convenceram. Querem receber o soldo antes de lutar — e Tavinho não tem o dinheiro.

DIÁRIO SECRETO DA CLEO

Antônio se cansou de viver como um eremita. Voltou para o palácio, e eu organizei uma série de festas pra ele, para elevar seu moral e fazê-lo pensar em outra coisa que não seja Otaviano.

O caso é que Otaviano não vem nos atacar, apesar do que o Tôni diz. Porque não pode. Logo, como eu disse ao Tôni, vamos gozar a vida. A primeira festança vai ser para celebrar a maioridade de Cesário — e, é claro, de Antilo, o filho mais velho de Antônio com Fúlvia.

O plano é mandar Antilo visitar Otaviano, com um lindo presentinho. Afinal, não é de dinheiro que Otaviano está atrás? Dinheiro é tudo o que Roma quer do Egito. Portanto, vou lhe dar dinheiro sem que ele precise guerrear por isso. Boa ideia, não é?

Antilo foi mandado a Roma, conforme Cleo planejou. Levou consigo uma generosa soma, que Otaviano embolsou sem fazer nenhuma promessa de devolvê-la quando pudesse. Antilo voltou dizendo que as coisas não pareciam nada boas. Cleo sabia que não tinha condições de vencer. Então escreveu uma carta a Otaviano:

Antônio e Cleo versus Roma

> Nobilíssimo triúnviro Otaviano,
>
> Cleópatra Teia, rainha do Egito, Chipre e Síria, saúda-o e espera que esta o encontre gozando de boa saúde.
>
> É o seguinte: estou ficando cansada de brincar de rainha e sei que você não gosta muito de mim; então que tal eu abdicar? Fico feliz em partir, sob duas condições
>
> 1. Você deixa que meus filhos reinem em paz.
>
> 2. Você deixa que Antônio e eu terminemos sossegados nossos dias, como cidadãos comuns.
>
> Isso vai poupar a você e a mim um bocado de aborrecimentos. Espero sua resposta o mais breve possível.
>
> ΚΛΕΟΠΑΤΡΑ

Otaviano ignorou a proposta. Ele não deixaria Antônio vivo em hipótese alguma.

No entanto, não poderia governar sem fazer algum trato com a Cleópatra. Mandou, portanto, um mensageiro conversar com ela — um homem bonito, charmoso, por quem ele achava que Cleópatra ia babar.

Cleópatra e sua víbora

A portas fechadas

Cleópatra conversou um tempão com o tal mensageiro. Ninguém sabe exatamente o que aconteceu entre eles, mas parece que o mensageiro propôs um trato à rainha. Se Cleo se livrasse de Antônio, Otaviano seria mais atencioso com ela.

Com "livrar-se de" o mensageiro queria dizer *seja* liquidá-lo *seja* bani-lo.

Por que a conversa demorou tanto então? Afinal de contas, Cleo amava Antônio, não amava? Com certeza não teria levado mais de um minuto para dizer NÃO, NÃO e NÃO.

A mulher Cleo de fato amava Antônio. Achava-o meio cansativo às vezes, com aqueles seus acessos de mau humor e suas bebedeiras, mas gostava da generosidade e da coragem dele; além do mais, ele acalentava os mesmos sonhos que ela.

Por outro lado, Cleo, a rainha, escolhera Antônio pelo fato de ele ser um Romano Superpoderoso e poder defender o Egito. Agora ele não era mais um RS. Não podia defender o Egito, mas Otaviano era um RS e podia. O único problema era que ela não confiava em Otaviano.

Não é de espantar que a Cleo tenha ficado nervosa e procurado ganhar tempo.

Afinal, passou tanto tempo com o mensageiro que Antônio desconfiou. Achou que eles estavam de namorico. Mandou dar uma sova no rapaz e o despachou de volta para Otaviano.

> **DIÁRIO SECRETO DA CLEO**
>
> A coisa esteve por um triz hoje.
> O mensageiro bonitão quase me convenceu de que Otaviano ia perdoar tudo se eu lhe entregasse o Tôni.
> Sei! Tudo o que o O. quer é meu tesouro. E não vai levar, a não ser que me dê alguma coisa em troca. Dei ordens para levá-lo todinho para o monumento. Vou guardá-lo no térreo, rodeado por fogueiras prontas para serem acesas.
> Se o O. invadir o local, tudo vai pegar fogo. Assim ele aprende.

No mês de julho daquele ano, Otaviano invadiu o Egito. Antônio achou ótimo: agora tinha uma chance de guerrear e, com um pouquinho de sorte, seria morto em combate.

Cleópatra e sua víbora

Antônio se entusiasmou tanto com essa ideia que venceu a primeira batalha. E aí ficou todo prosa. Até mandou uma mensagem para Otaviano:

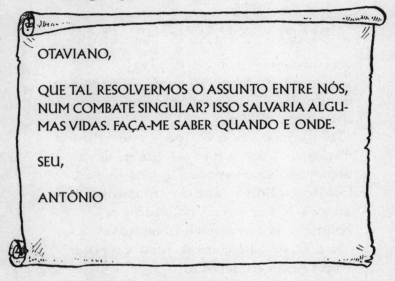

OTAVIANO,

QUE TAL RESOLVERMOS O ASSUNTO ENTRE NÓS, NUM COMBATE SINGULAR? ISSO SALVARIA ALGUMAS VIDAS. FAÇA-ME SABER QUANDO E ONDE.

SEU,

ANTÔNIO

Otaviano deve ter achado graça. Por que ele ia se arriscar a lutar com Antônio, se Antônio não tinha nada a perder?

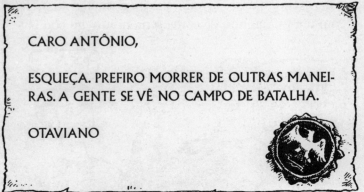

CARO ANTÔNIO,

ESQUEÇA. PREFIRO MORRER DE OUTRAS MANEIRAS. A GENTE SE VÊ NO CAMPO DE BATALHA.

OTAVIANO

Às vésperas da invasão

Muita gente disse ter ouvido sons estranhos em Alexandria na noite que antecedeu a entrada de Otaviano na cidade. Segundo essas pessoas, parecia que os participantes de uma festa louca corriam pelas ruas e se dirigiam para o acampamento de Otaviano, fora da cidade. Elas enxergavam aí significados profundos. Diziam que o deus Dioniso estava abandonando Alexandria. Antônio adorava Dioniso, portanto se o deus o abandonava, ele estava frito.

Na manhã seguinte, Antônio mandou todos os seus soldados e marinheiros se porem a postos para defender a cidade. Uma hora depois, ninguém estava a postos. Seus homens conheciam de longe um perdedor.

Cleópatra e sua víbora

Tantos foram os que correram para Otaviano, que Antônio se convenceu de que Cleópatra estava por trás daquilo. Achou que ela estava conchavada com Otaviano. Saiu furioso pelas ruas da cidade, gritando que tudo era culpa da rainha.

E suas aias correram até Antônio para lhe dizer exatamente isso. Plutarco conta como Antônio recebeu a notícia...

Sem duvidar um só instante do recado, ele disse consigo mesmo: "O destino levou minha única alegria e minha razão de viver". Depois exclamou: "Ó Cleópatra, sua morte não me causa dor, porque vou ao seu encontro em breve, mas você me envergonhou com seu ato, porque assim parece que eu tenho menos coragem e nobreza do que uma mulher".

Antônio e Cleo versus Roma

Em seguida, virou-se para seu fiel servidor, Eros. Eros sempre prometera a seu amo que o mataria se Antônio lhe pedisse. Mas agora que o momento chegara, Eros não foi capaz de cumprir a promessa. Desembainhou a espada, mas em vez de matar Antônio, virou-a para si mesmo e caiu sobre ela.

Então Antônio tentou se matar.

Foi um horror. Ele se apunhalou, mas não morreu. Gravemente ferido, sangrando, sofrendo, implorou aos amigos que acabassem com ele, mas todos fugiram. Alguém deve ter contado a Cleópatra o que havia acontecido, porque não demorou muito para o secretário dela, Diomedes, aparecer com ordens de levar Antônio para o monumento.

Quando os homens de Cleópatra chegaram ao monumento com ele, as tropas de Otaviano estavam entrando na cidade, de modo que Cleo não ousou destrancar as portas. Mandou que passassem Antônio por uma janela no alto da construção. Ela própria teve de ajudar na manobra, bufando e gemendo com o peso dele.

Já dentro do monumento, deitaram-no numa cama, e Cleópatra o cobriu com uma das túnicas dela. Nessa altura estava louca de culpa. Arrancava os cabelos, flagelava o peito. Antônio procurou reconfortá-la, aconselhan-

Cleópatra e sua víbora

do-a a tentar se salvar e dizendo-lhe em que homens de Otaviano ela podia confiar.

Quando Otaviano chegou lá, Antônio já estava morto. Era o primeiro dia do mês que hoje chamamos de agosto, no ano que hoje chamamos de 30 a.C.

E o tesouro?

Antônio e Cleo versus Roma

Proculeio era uma das pessoas em quem Antônio dissera que Cleópatra podia confiar, mas ela não confiou muito. Falou-lhe por uma grade. Prometeu abdicar, mas com a condição de que seus filhos assumissem o trono em seu lugar. Proculeio fingiu achar que aquela era uma boa ideia. Disse que ia transmitir a Otaviano o que Cleo dissera, mas voltou logo em seguida com um grupo de soldados. Tinha visto a janela aberta pela qual Antônio fora içado para dentro da construção. Os soldados subiram até lá e tomaram o monumento.

Cleo tentou se apunhalar, mas eles conseguiram impedir que o fizesse e a levaram dali.

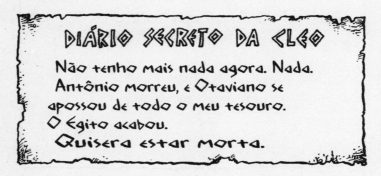

Dias depois, Cleo foi levada a Otaviano. Ele tinha todo o poder agora. Não precisava dar a ela nadinha de nada, e Cleópatra sabia muito bem disso. Sua política externa — dominar o romano mais poderoso do momento fazendo-o se apaixonar por ela — esbarrara num obstáculo. Aquilo nunca funcionaria com o cabeça fria e coração mais frio ainda do Otaviano.

Mesmo assim, Cleópatra tinha algo que Otaviano queria. Ele a queria viva, para apresentá-la em seu triunfo romano, como Júlio César fizera com a irmã dela, Arsínoe, muitos anos antes. Que espetáculo incrível, a orgulhosa rainha do Egito desfilando acorrentada pelas ruas de Roma!

Cleópatra persuadiu Otaviano de que faria o que ele quisesse, contanto que a deixasse visitar seu monumento pela última vez, a fim de prestar as últimas homenagens a Antônio, que fora enterrado lá. Antes, porém, pediu à sua aia que lhe fizesse um favorzinho.

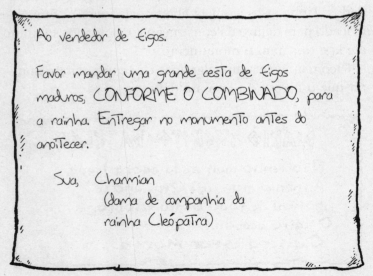

Ao vendedor de figos.

Favor mandar uma grande cesta de figos maduros, CONFORME O COMBINADO, para a rainha. Entregar no monumento antes do anoitecer.

Sua, Charmian
(dama de companhia da
rainha Cleópatra)

O médico de Cleópatra registrou por escrito o que aconteceu em seguida, e Plutarco cita seu relato:

Assim, Cleópatra pranteou Antônio, coroou sua urna com guirlandas e beijou-o. Ordenou então que lhe preparassem um banho e, ao sair do banho, descansou; em seguida, serviram-lhe uma lauta refeição. Enquanto ela jantava, um campônio levou-lhe uma cesta. Quando os guardas o detiveram e quiseram ver o que havia na cesta, ele puxou algumas folhas e mostrou uns figos maduros; estes pareciam tão gostosos que os soldados se sentiram tentados a comê-los. Mas acabaram deixando-o levar os frutos para a rainha. Terminado o jantar, Cleópatra pegou uma tábula, escreveu uma mensagem para Otaviano, selou-a e enviou-a. Depois mandou todo mundo embora, com exceção de suas duas fiéis acompanhantes, e fechou as portas do monumento.

A mensagem de Cleo dizia que ela queria ser enterrada com Antônio. Assim que a leu, Otaviano entendeu o que significava. Mandou seus homens ao monumento para deter Cleópatra. Mas eles chegaram tarde.

Os guardas não notaram nada de errado no monumento, mas quando todo mundo entrou ali, eles descobriram Cleópatra morta num leito de ouro, vestindo seus trajes reais. Uma das suas criadas, cujo nome era Iras, estava morta a seus pés, enquanto a outra, Charmian, trôpega, mal parando em pé, tentava pôr o diadema na cabeça de Cleópatra. Um dos guardas gritou irado: "Charmian, isso é coisa que se faça?". E a criada respondeu: "É, sim, e muito adequada a uma princesa que descende de tantos reis". Balbuciando essas palavras, caiu morta ao lado do leito.

Cleópatra e sua víbora

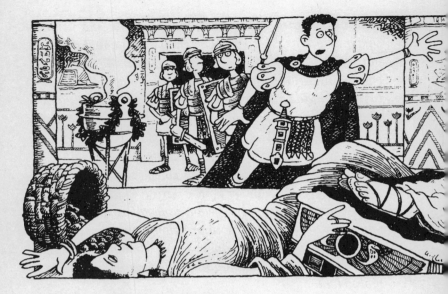

De que morreram?

Ninguém tem certeza. A maioria das pessoas acha que Cleópatra e suas aias morreram envenenadas por mordidas de cobra. Imagina-se que havia cobras escondidas na cesta de figos, embora nunca se tenha encontrado cobra alguma.

O que se sabe *com certeza* é que Cleópatra conhecia tudo sobre as maneiras rápidas e indolores de morrer. Ela estudou o assunto a fundo. E para morrer foi tão rápida e eficiente como em tudo o mais que fez na vida.

Ser morta por uma cobra combina perfeitamente com sua imagem de rainha-deusa. Você se lembra das serpentes sagradas do Egito que ela trazia em sua coroa? Elas a defenderam em vida e, agora, matando-a, levavam-na para um lugar onde Otaviano não poderia lhe fazer nenhum mal.

Cleo se recusou a viver como uma rainha derrotada. Preferiu morrer como viveu: vestida para matar, num gesto que todo o seu povo entenderia. Morreu com seus tra-

Antônio e Cleo versus Roma

jes reais de Ísis, deusa até o fim. Era assim que queria que seu povo lembrasse dela.

VIPERINA

Picada de misericórdia
Em Alexandria, às vezes deixavam os criminosos morrerem de picada de cobra, por ser uma morte rápida e indolor.

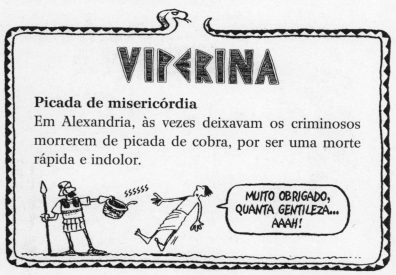

Cleópatra e sua víbora

Naquela época, os vencedores sempre destruíam todas as estátuas dos inimigos vencidos, depois da vitória. Com a morte da Cleo, Otaviano soltou seus soldados no Egito. Em pouco tempo, não havia mais uma só estátua de Antônio. Mas ele deu ordens para não tocarem em nenhuma das estátuas de Cleópatra. Não pensem que fez isso por pura bondade. Foi, novamente, por causa de dinheiro. Um dos partidários de Cleópatra lhe pagou uma soma considerável para que ele as deixasse em paz.

E Otaviano atendeu ao último desejo da Cleo. Ela foi enterrada ao lado do seu Antônio. Nas palavras de Shakespeare, "nenhum túmulo na terra guarda em seu regaço tão ilustre par".

DEPOIS DE CLEÓPATRA

O que aconteceu com...?

O Egito
Virou uma província romana, sem rei próprio, e o celeiro de Roma, seu principal fornecedor de alimentos. Séculos mais tarde, quando o Império Romano não passava de uma lembrança, o Egito foi invadido pelos árabes. O Egito atual é um país muçulmano.

Alexandria
Ainda é um porto, mas não é mais a capital do Egito. Da célebre biblioteca, com todos os seus livros raros e preciosos, não sobrou nada: ela foi incendiada pelos cristãos no século IV. (A Igreja católica era de uma intolerância extrema: não permitia nenhum livro de escritores e filósofos não cristãos.) O célebre farol de Faros ainda funcionou milhares de anos depois da Cleo, mas no século XI um terremoto terrível o destruiu para sempre.

Cleópatra e sua víbora

O rio Nilo

Continuou enchendo todos os anos, até o século XX. Então, na década de 1960, construiu-se a barragem de Assuã para controlar a vazão do rio. E controlou, mas a terra agora não é tão fértil, porque o rio não traz mais lodo para enriquecê-la. Os crocodilos também foram barrados pela barragem. Ainda comem gente ao sul da represa, porém a maior parte do Nilo ficou descrocodilada.

Os filhos da Cleo

Cesário foi executado por Otaviano. Os gêmeos e o pequeno Ptô desfilaram como prisioneiros no triunfo de Otaviano. Depois foram viver com Otávia, a esposa abandonada do Tôni. Cleópatra Selene casou-se com o rei Juba da Mauritânia. Ninguém sabe o que aconteceu com os meninos.

Os filhos de Antônio

Tanto Antilo como o filho mais moço do Tôni, Iulo, foram executados: Antilo por apoiar o pai e Iulo por ter ficado amigo demais da filha de Otaviano. Já as filhas de Antônio sobreviveram e foram mães e avós de futuros imperadores romanos.

Depois de Cleópatra

E, para terminar, Otaviano...
Tendo derrotado Antônio, tornou-se imperador de Roma. Aliás, seu cognome, César, passou a querer dizer "imperador". Ele adotou então o nome Augusto César, que significa "um imperador muito importante, muito poderoso, mais que humano". Adivinhe de onde ele tirou essa ideia?

Augusto César viveu muito tempo e se tornou um imperador fortíssimo, mas nunca se esqueceu de Cleópatra. Ela havia sido uma ameaça séria demais ao modo de vida romano. Deu ao mês em que a derrotou seu nome, Augustus, nosso agosto, para lembrar sua vitória.

A grana da Cleo
O tesouro do Egito permitiu a Otaviano-Augusto governar tranquilo a Itália. Ele o usou para pagar suas dívidas, seus soldados, e dar a cada cidadão romano um bônus da vitória. A taxa de juros em Roma caiu de 12% para 4%. Sem o dinheiro que a Cleo entesourou, Otaviano nunca teria se mantido no trono.

Cleópatra e sua víbora

Pronto. Agora você já conhece a vida da Cleo e da sua víbora. A garotinha que subiu ao trono quando o Egito estava falido não só conseguiu ser rainha contra todas as dificuldades, como fez o Egito voltar a ser rico e foi popularíssima.

Era mundialmente famosa em sua época e continua sendo mundialmente famosa até hoje. Ao longo dos séculos, vem fascinando homens e mulheres. Milhões de palavras foram escritas sobre Cleópatra, centenas de retratos dela foram pintados, fizeram-se peças de teatro, filmes e canções sobre ela, que está sempre presente em bailes a fantasia e desfiles de Carnaval. (Aliás, na década de 1950, uma rica aristocrata inglesa, lady Diana Cooper, achava tão legal ser Cleópatra que usava em seu passaporte uma foto dela como Cleo!)

No fim das contas, passados tantos séculos, Cleópatra ainda significa CHARME! RIQUEZA! PODER! EXUBERÂNCIA! Não é à toa que ela continua a nos fascinar. Ela é mesmo uma MORTA DE FAMA!